ARQUEOLOGIA

Pedro Paulo Funari

ARQUEOLOGIA

Copyright© 2003 Pedro Paulo Funari
Todos os direitos desta edição reservados à
Editora Contexto (Editora Pinsky Ltda.)

Coordenação editorial
Carla Bassanezi Pinsky

Projeto gráfico
Denis Fracalossi

Diagramação
Denis Fracalossi / Texto & Arte Serviços Editoriais

Revisão
Luciana Salgado / Texto & Arte Serviços Editoriais

Capa
Antonio Kehl

Foto de capa
Sítio arqueológico de Epidauro
(Underwood & Underwood, c. 1897)

Dados Internacionais de Catalogação na Publicação (CIP)
(Câmara Brasileira do Livro, SP, Brasil)

Funari, Pedro Paulo
Arqueologia / Pedro Paulo Funari. – 3. ed., 3ª reimpressão. –
São Paulo: Contexto, 2025.

Bibliografia
ISBN 978-85-7244-251-0

1. Arqueologia 2. Arqueologia – História I. Título

03-5995   CDD-930.109

Índice para catálogo sistemático:
1. Arqueologia : História   930.109

2025

Editora Contexto
Diretor editorial: *Jaime Pinsky*

Rua Dr. José Elias, 520 – Alto da Lapa
05083-030 – São Paulo – SP
PABX: (11) 3832 5838
contato@editoracontexto.com.br
www.editoracontexto.com.br

Proibida a reprodução total ou parcial.
Os infratores serão processados na forma da lei.

SUMÁRIO

Introdução — 9

1. O que é arqueologia? — 13

2. Como pensa o arqueólogo — 29

3. Como atua o arqueólogo — 55

4. Formas de pesquisa — 63

5. A arqueologia e as outras áreas do conhecimento — 85

6. Arqueologia e poder — 99

7. Ser arqueólogo no Brasil — 109

8. Questões profissionais — 113

Sugestões de leitura, filmes, sites e CDs — 119

Para Luísa.

*Agradeço, muito especialmente, a Carla Bassanezi Pinsky
e a André Leonardo Chevitarese, Alonso Rodríguez Dias,
Raquel dos Santos Funari, René Ginouvès (in memoriam),
Alessandro Guidi, Marcelo Castro López, Walter Alves Neves,
Charles E. Orser Jr., Patrick Plumet, Michael Shanks,
Bruce G. Trigger, Andrés Zarankin.*

INTRODUÇÃO

A arqueologia não pode ser desvencilhada de seu caráter aventureiro e romântico, cuja melhor imagem talvez seja, desde há alguns anos, as saborosas aventuras do arqueólogo desbravador Indiana Jones, o herói cinematográfico de três famosos filmes (*Os caçadores da arca perdida* e suas sequências), dirigidos por Steven Spielberg, com roteiro de George Lucas e o galã Harrison Ford como protagonista.

Pois bem, quando do auge do sucesso de Indiana Jones, o arqueólogo brasileiro Paulo Zanettini escreveu um artigo no *Jornal da Tarde*, de São Paulo, intitulado "Indiana Jones deve morrer!". Para ele, assim como para outros arqueólogos profissionais, envolvidos com um trabalho árduo, sério e distante das peripécias das telas, essa imagem aventureira é incômoda.

O fato é que o arqueólogo, à diferença do historiador, do geógrafo ou de outros estudiosos, possui uma imagem muito mais atraente, *sexy* até, inspiradora não só de filmes (como *O Corpo*, dirigido por Jonas McCord, com uma bela arqueóloga no papel de mocinha, interpretada pela atriz Olivia Williams) mas também de romances e livros os mais variados, que trafegam entre a ficção e a ciência, muitas vezes descrevendo oníricos passeios pelos mistérios do passado. Um dos grandes autores de *best-sellers* contemporâneos é o arqueólogo italiano Valério Massimo Manfredi (autor do romance *Alexandre*). De onde teriam surgido essas imagens e essa fama? Seria tudo apenas uma grande ilusão?

Bem, para usar uma expressão de Eça de Queiroz, "sob o manto diáfano da fantasia" escondem-se as histórias reais que fundamentaram tais percepções. A arqueologia surgiu no bojo do Imperialismo do século XIX, como um subproduto da expansão das potências coloniais europeias e dos Estados Unidos, que procuravam enriquecer explorando outros territórios. Alguns dos primeiros arqueólogos de fato foram aventureiros, responsáveis, e não em pequena medida, pela fama que se propagou em torno da profissão.

O mais famoso arqueólogo de todos os tempos foi, também, o mais aventureiro, a verdadeira e profunda inspiração para o Indiana Jones do final do século XX: Heinrich Schliemann (1822-1890), autor de dez livros, que deixou ainda 150 volumes de manuscritos, com mais de 60 mil cartas em vinte idiomas. Sua trajetória de vida foi (e ainda é) tema de milhares de publicações. Dominando várias línguas, estudou na Sorbonne, em Paris, onde se aprofundou em temas pouco comuns naquela época, como língua e literatura árabes, mas também filologia e arqueologia egípcias.

Em 1868, Schliemann decidiu visitar a Grécia e o Império Turco-Otomano, seguido a rota de Ulisses, personagem lendário grego, mencionado por Homero na *Ilíada* (Ulisses, ou Odisseu, teria sido rei de Ítaca e um dos principais heróis do cerco a Troia), cuja volta à pátria constitui o assunto da obra *Odisseia*. Em busca da reconstituição da trajetória de Ulisses e da cidade de Troia, Schliemann foi a Corfu, Cefalônia, Itália, Peloponeso, Micenas e Turquia, fazendo ainda algumas escavações em Ítaca.

Em 1870, chegou a Hissarlik, aldeia turca que ele acreditava ser a lendária Troia. Já em 1872 estava certo de ter encontrado a cidade mítica e seus tesouros. Logo após, voltou-se para Micenas, outra cidade "cheia de ouro", tendo mesmo considerado que havia descoberto a tumba de Agamenão. Sua fama, tanto na imprensa quanto nos círculos arqueológicos, tornou-se logo a de um caça-tesouros.

Sua busca incansável por vestígios que confirmassem os autores antigos, em especial Homero, teria grande sequência na arqueologia, que muitas vezes procura comprovações materiais de algum relato histórico ou mitológico (nem sempre é possível diferenciar um de outro). Schliemann pode, assim, ser considerado o exemplo máximo da arqueologia imperialista e aventureira. O relato de suas façanhas levou, nas décadas seguintes e até hoje, muitos jovens a interessarem-se pela arqueologia.

Outro arqueólogo, em certo sentido, aventureiro, foi Howard Carter (1874-1939). Nascido na Inglaterra, deu sequência à tradição inaugurada por Schliemann, a de profissionais eruditos, mas em nada preocupados com a vida acadêmica. Em 1900, Carter tornou-se inspetor de antiguidades do Alto Egito e Núbia, em Lúxor. Em 1922, encontrou uma tumba intacta, de um faraó pouco importante, mas cuja riqueza estava bem preservada. Tornou-se, em pouco tempo, uma personalidade de fama mundial, o descobridor da tumba de Tutancamon. De 1925 a 1932, Carter dedicou-se ao estudo da tumba e sua saga serviu para perpetuar a visão aventureira em torno do ofício.

Certamente, a arqueologia não se reduz a essas imagens. É um campo muito mais rico e complexo – atualmente desenvolvido com grande profissionalismo (um tanto distante das versões romanceadas e cinematográficas) – como veremos neste livro que se pretende um verdadeiro convite à arqueologia. É claro que um livro introdutório sobre o assunto implica numa grande responsabilidade por parte do autor. Em primeiro lugar, deve fornecer um manancial básico de informações e, em seguida, uma visão condizente com a complexidade da arqueologia, que é multifacetada.

Por fim, cabe explicitar os pontos de vista defendidos pelo autor e que explicam a própria organização das informações fornecidas neste livro. Isto significa correr riscos. Como afirma o arqueólogo Robert C. Dunnel na *Reviews in Anthropology*, de 1986, não há, provavelmente, tarefa menos compensadora, ainda que essencial, do que tentar sintetizar e explicar uma disciplina. Mesmo naqueles aspectos em que existe um acordo superficial de objetivos, metodologia e resultados, a tentativa de explicação de como tudo isso funciona na prática remete a diferenças fundamentais entre seus praticantes – e coloca o autor na desconfortável posição de desagradar, ao menos em parte, quase todo mundo.

Entretanto, na medida em que privilegio o contraste e o conflito entre as diversas concepções do que seria a atividade do arqueólogo, procuro oferecer ao leitor a possibilidade de avaliar criticamente e de posicionar-se diante das vertentes arqueológicas existentes. O objetivo aqui é apresentar ao leitor, de forma genérica, as principais questões da arqueologia contemporânea, incluindo referências ao contexto brasileiro.

Iniciamos com uma discussão sobre o que é a arqueologia, tratando, a seguir, de como raciocina o arqueólogo, do trabalho com o material considerado arqueológico, do desenterramento e escavação à interpretação dos vestígios. Também veremos alguns aspectos da relação entre arqueologia e poder e das implicações sociais do trabalho do arqueólogo. O leitor encontrará, ainda, um roteiro de leituras para aprofundamento por temas. E talvez – espero – conclua, ao final do livro, que a arqueologia, uma atividade ao mesmo tempo séria e apaixonante, é, de fato, uma grande aventura.

CAPÍTULO 1
O QUE É ARQUEOLOGIA?

Segundo um ponto de vista tradicional, o objeto de estudo da arqueologia seria apenas as "coisas", particularmente os objetos criados pelo trabalho humano (os "artefatos"), que constituiriam os "fatos" arqueológicos reconstituíveis pelo trabalho de escavação e restauração por parte do arqueólogo. Essa concepção encontra-se ainda muito difundida entre aqueles que consideram ser a tarefa do arqueólogo simplesmente fazer buracos no solo e recuperar objetos antigos.

Seria, entretanto, possível tratar só das coisas, limitar-se a produzir "fatos" objetivos para que sejam "interpretados" por outros estudiosos? Para isso, seria preciso separar os artefatos dos homens que os produzem e os usam, o que não me parece fazer muito sentido. De fato, como a cultura refere-se, a um só tempo, ao mundo material e espiritual, não existe uma oposição entre os dois que justifique o estudo apenas das "coisas".

Talvez por uma questão de apego à própria origem da palavra arqueologia – que em grego significa "conhecimento dos primórdios" ou "o relato das coisas antigas" – alguns pesquisadores tenham limitado o seu objeto de estudo "aos restos materiais de uma atividade exercida pelos homens do passado" (como diria o arqueólogo francês Jean Claude Gardin). Contudo, a arqueologia tem, nos últimos anos, alargado seu campo de ação para o estudo da cultura material de qualquer época, passada ou presente. A arqueologia industrial, por exemplo, estuda construções e objetos ligados à indústria, no passado e no presente. O que explica a presença no Museu Yeovilton, na Grã-Bretanha, entre outros artefatos, de um Concorde. A arqueologia histórica constitui outro exemplo de estudo do passado recente e do próprio presente, pela arqueologia contemporânea.

Por outro lado, a porção da totalidade material estudada pela arqueologia não se restringe ao produto do trabalho humano, aos "restos fossilizados da ação humana" como definiria o famoso arqueólogo australiano V. Gordon Childe. Além dos "artefatos", também são estudados pela arqueologia os ecofatos e os biofatos, ambos ligados à apropriação da natureza pelo homem. Se artefatos são os objetos produzidos pelos humanos; por analogia, os arqueólogos criaram os conceitos de ecofato e biofato para se referirem a vestígios do meio ambiente e restos de animais associados aos seres humanos.

Aliás, a "humanização" direta da natureza fora já notada pelo pensador Karl Marx em sua obra *O Capital* (1, V.1):

> Animais e plantas, que se costumam considerar como produtos naturais são, não apenas produtos do trabalho – talvez do trabalho do ano anterior – mas, igualmente, na sua forma atual, produtos de uma transformação contínua, sob o controle humano e por meio do seu trabalho, por muitas gerações.

Aprofundando essa linha de raciocínio, pode-se dizer que os fenômenos naturais, enquanto conjunto de recursos apropriáveis, são utilizados de modos diversos conforme o sistema social que deles e aproveita. Assim, as águas do rio Eufrates, na Mesopotâmia, por exemplo, serviam para os pastores nômades apenas como pontos-d'água para os seus rebanhos, enquanto os agricultores sumérios e acádios criaram, no quarto e terceiro milênios a.C., um sistema de irrigação agrícola complexo, graças a essas mesmas águas. Nos últimos anos, usando o mesmo recurso hídrico, a indústria pôde desenvolver-se na Síria, com base na energia gerada por uma usina hidrelétrica construída no leito médio do rio. Entende-se assim que a apropriação humana da natureza não é, portanto, a-histórica, mas dá-se sempre nos quadros de uma determinada organização social com um potencial produtivo definido.

Valendo-se dessas considerações, pode-se concluir que, do ponto de vista aqui adotado, a arqueologia estuda, diretamente, a totalidade material apropriada pelas sociedades humanas, como parte de uma cultura total, material e imaterial, sem limitações de caráter cronológico.

Definido o objeto imediato de estudo da arqueologia surge, naturalmente, a questão: para que serve a arqueologia e quais os seus objetivos? Até meados da década de 1960, o pensamento dominante considerava que a arqueologia tinha como propósito a simples coleção, descrição e classificação de objetos antigos. Embora essa perspectiva de *fact finding* (busca de fatos) tenha recuado significativamente nos últimos anos, persiste ainda entre muitos pesquisadores a ideia de que os arqueólogos resgatam objetos e tratam dados e informações brutas, que serão posteriormente processadas e interpretadas por outras ciências, como a história e a pré-história.

A renovação dos estudos arqueológicos veio, no entanto, fortalecer a corrente daqueles para quem a arqueologia é o estudo da cultura material que busca compreender as relações sociais e as transformações na sociedade. Não pouca importância exerceu, nessa mudança de perspectiva, o movimento conhecido como *New Archaeology* (Nova Arqueologia) que, surgindo entre os arqueólogos de língua inglesa há algumas décadas, influenciou as mais diversas correntes arqueológicas.

O confinamento do arqueólogo ao trabalho empírico de recuperação e tratamento de objetos mantém-se hoje com um contingente mais limitado de seguidores do que nas décadas passadas. Como consequência, surge então uma indagação imediata: o que diferencia a arqueologia da história ou da antropologia, ou seja, de outras ciências sociais que têm objetivos semelhantes?

Em geral, historiadores, antropólogos e outros cientistas sociais não encaram a arqueologia como uma ciência, definindo-a como uma disciplina auxiliar. É comum, lendo-se textos de historiadores, deparar-se com expressões como "contando-se apenas com informações arqueológicas, muito pouco podemos saber sobre..." ou com afirmações do tipo "quando se tem em mãos registros escritos ou orais, não há o que acrescentar de significativo com a pesquisa dos elementos materiais...". Tais considerações derivam, em certa medida ao menos, da maneira como os próprios arqueólogos têm considerado sua atividade.

Não poucos arqueólogos dão razão aos comentários acima quando fazem afirmações no mesmo sentido, sendo correntes observações como "contando somente com vestígios materiais nada podemos afirmar sobre a estrutura social". Podemos dizer que essa postura deriva de uma visão tradicional segundo a qual a arqueologia em si é simplesmente uma técnica (essencialmente a mera abertura de buracos no solo ou o abaixar-se para recolher objetos) que pode ser empregada em benefício da antropologia, da história ou do simples divertimento (como defendeu o arqueólogo americano Spaulding).

Tal abordagem exclui a arqueologia das ciências sociais e define sua atuação como apenas uma prática de campo. O arqueólogo faria o trabalho braçal – que produziria "fatos" arqueológicos – enquanto o historiador, antropólogo ou sociólogo pensaria, transformando os "fatos" em encadeamento diacrônico, no caso da história, ou sincrônico, em se tratando das outras duas ciências. Essa perspectiva, bastante comodista do ponto de vista dos que se dedicam à arqueologia, lembra a crítica irônica do filósofo alemão Immanuel Kant:

> É muito cômodo ser menor de idade! Se tenho um livro que pensa por mim, se tenho um pastor espiritual, cuja consciência pode substituir-se à minha, e também um médico que me prescreve certo modo de viver etc., então não necessito esforçar-me. Não preciso pensar se posso pagar; que outros se ocupem deste assunto desagradável no meu lugar.

Há um agravante, no caso da arqueologia vista como uma mera técnica, pois não se trataria apenas da necessidade de cientistas que pensem pelos arqueólogos, mas de uma incapacidade original da própria arqueologia. Essa concepção subordinada, "servil", da arqueologia tem sido, como já foi dito, questionada mediante uma aproximação dos seus objetivos aos das outras ciências humanas, ou seja, o estudo das sociedades humanas em seu funcionamento e transformações. A apresentação e formulação de princípios relativos a processos culturais, visando à compreensão do comportamento humano em geral, tornou-se, em particular nos estudos da New Archaeology, uma proposta arqueólogo-antropológica que se opunha à mera tentativa de recuperação de resquícios do passado.

Esse movimento, originário dos Estados Unidos no início da década de 1960, preocupava-se basicamente em descobrir regras universais, válidas para todos os agrupamentos humanos, em qualquer época e lugar, pois partia do pressuposto de que o homem sempre age da mesma maneira, buscando minimizar os esforços e

ESQUEMA 1 – ARQUEOLOGIA (CIÊNCIA EM CONSTRUÇÃO)

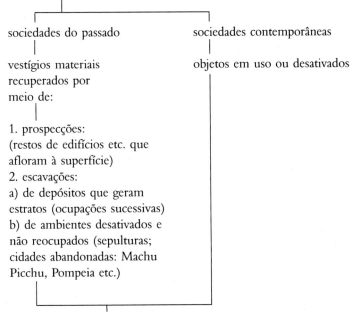

maximizar os resultados. Por exemplo, tanto os homens pré-históricos como os romanos da Antiguidade, ou mesmo as pessoas nos dias de hoje, procurariam, para viver, um lugar onde houvesse água nas proximidades.

Valendo-se da divulgação dessas ideias, autores originários de ambientes culturais diversos e defensores de diferentes pontos de vista, como P. J. Watson, A. Le Blanc, Ch. L. Redman, A. Carandini, H. Galinié, R. Ginouvès e M. Castro López, entre outros, passaram a considerar que a arqueologia, utilizando-se de métodos próprios, e por meio do estudo da cultura material, deve envolver-se também com objetivos históricos e socioantropológicos. Cresce cada vez mais o grupo dos que acreditam que a arqueologia deve se preocupar tanto com as transformações das sociedades humanas no tempo como com o seu funcionamento, sendo assim, a um só tempo, histórica e antropológica.

Isso não significa, como poderia parecer, que a arqueologia baste a si mesma. Na medida em que seus objetivos se referem às sociedades humanas, ela compartilha com as outras ciências sociais muitas questões e, assim como elas, necessita de uma abordagem interdisciplinar para explicar a complexidade do seu objeto de estudo. A especificidade de cada ciência humana consiste, essencialmente, no seu objeto primário de investigação e nos meios particulares de tratamento desse objeto. Assim, a especificidade da arqueologia consiste em tratar, particularmente, da cultura material, das coisas, de tudo que, em termos materiais, se refere à vida humana, no passado e no presente.

A TRAJETÓRIA DE ALGUNS ARQUEÓLOGOS FAMOSOS

Antes de esboçarmos um esquema geral do histórico da arqueologia e suas áreas de pesquisa, seria interessante acompanharmos os passos e as ideias de alguns arqueólogos que se destacaram por deixar fortemente impressas suas marcas pessoais na arqueologia.

William Matthews Flinders Petrie (1853-1942)

O inglês William Matthews Flinders Petrie, com suas técnicas apuradas, foi um dos grandes pioneiros da moderna arqueologia. Petrie, ainda criança, já se preocupava em coletar moedas gregas e romanas, tendo aos quinze anos de idade sido encarregado pelo Museu Britânico de comprar tais objetos em lojas de antiguidades em nome do museu. Seu pai, muito religioso, pensava que a Grande Pirâmide de Gizé, no Egito, havia sido construída por inspiração divina e que suas medidas, se bem interpretadas, poderiam revelar todos os mistérios do passado e do futuro da humanidade. O filho dispôs-se a tomar as tais medidas, partindo para o Egito em 1880. Petrie logo concluiu que essa história de medidas divinas não passava de crendice mas, por outro lado, apaixonou-se pelas antiguidades egípcias, que se deterioravam a cada dia: "O Egito era como uma casa em chamas, tão rápida era a destruição. Meu dever era o de um bombeiro: conseguir tudo que pudesse reunir o mais rápido possível". Encontrou Amelia Blandford Edwards, uma grande novelista, apaixonada pelo Egito, que o ajudou a fundar, com dinheiro de pessoas de posses, o *Egyptian Exploratio Fund*.

Petrie deu início às escavações científicas no Egito e foi, também, o primeiro a preocupar-se em estudar e classificar objetos domésticos, de uso cotidiano, mesmo quando fragmentados. Iniciou, ainda, as modernas escavações na Palestina (Tell-el-Hesy, Sefela, Israel), sendo considerado, por isso, o fundador da arqueologia bíblica. Foi agraciado com uma cátedra em Londres, embora não tivesse a titulação necessária, em reconhecimento por sua importância para o avanço da técnica arqueológica. Petrie estudou, também de forma pioneira, os vestígios anteriores ao período faraônico, antes desconsiderados.

Na geração seguinte, essa tradição arqueológica empírica, da qual Petrie foi um dos principais protagonistas, seria em grande parte muito alterada pela crescente importância do trabalho acadêmico. Dois grandes nomes marcaram essa nova tendência; um mais conservador e aristocrático, o outro progressista e popular: Mortimer Wheeler e Vere Gordon Childe, respectivamente.

Mortimer Wheeler (1890-1976)

Wheeler formou-se em estudos clássicos (latim e grego) em 1910. Logo concluiu mestrado (1912), para em seguida atuar no exército, durante a Primeira Guerra Mundial, tendo obtido altas honrarias militares (como a Cruz Militar). Na década de 1920, muito jovem, já era diretor do *National Museum of Wales*, em Cardiff, no País de Gales. Em 1926 voltou à Inglaterra para atuar no Museu de Londres, tendo lutado pela criação do Instituto de Arqueologia, concretizada em 1937. Voltou ao exército na Segunda Guerra, tendo chegado à patente de brigadeiro.

Em 1944, tornou-se diretor-geral do *Archaeological Survey of India*, de onde trouxe à luz vestígios importantes das antigas civilizações do rio Indo. Depois, com a independência da Índia e do Paquistão, voltou a Londres, atuando na Academia Britânica. Desenvolveu o chamado "sistema Wheeler" das quadrículas, do qual trataremos mais adiante neste livro. Além disso, foi um grande comunicador, com colunas no jornais e programas de rádio. Militar, reconhecido, homenageado, Sir Mortimer Wheeler teve todas as honras e pode ser considerado a quintessência da arqueologia como aventura. Wheeler e suas façanhas podem muito bem ter inspirado George Lucas, pois a vida real do britânico, em certos aspectos, rivaliza com a do fictício Indiana Jones.

Wheeler tornou-se muito influente entre os pesquisadores por afirmar que o arqueólogo "escava pessoas, não coisas":

> A não ser que aquilo com que lida esteja para ele vivo, é melhor procurar outra profissão. De forma muito direta, a arqueologia é uma ciência que deve ser vivida, precisa ser "temperada com humanidade". A arqueologia morta é a poeira mais seca que se possa soprar. O arqueólogo não é um mero funcionário que conta cacos, nem tampouco um mero desenhador de fragmentos. Paixão, entusiasmo, chame como quiser – "vitalidade", o já batido *élan vital* servirá – estas são as qualidades básicas que nossa disciplina nos exige. E se você estiver entrando na arqueologia sem essa paixão vital dentro de você, volte-se, peço, para uma tarefa algo menos humana e mais finita do que o estudo da Humanidade. Já há muitos pintores de casas que imitam o artista.

O que melhor poderia ser dito sobre o trabalho arqueológico? Mesmo que a questão de saber se o arqueólogo apenas escava coisas (como queria o arqueólogo americano Spaulding) ou pessoas (como contrapôs Wheeler) ainda cause divergências no meio acadêmico, pode-se dizer que esta última posição obtém um número cada vez maior de adeptos do que a primeira.

Vere Gordon Childe (1892-1957)

Childe seguiu trajetória muito diversa da de outros colegas de profissão. Nasceu na Austrália, então considerada quase o fim do mundo, uma "terra de criminosos". Filho de um pastor da Igreja Anglicana, estudou, como Wheeler, latim, grego e filosofia, mas logo entrou para o recém-fundado Partido Trabalhista da Austrália. Em 1914, conseguiu uma bolsa para cursar pós-graduação em Oxford, sob orientação do estudioso da cerâmica grega John Beazley. Em 1916, já voltava à Austrália, para atuar como ativista político, até a derrota trabalhista de 1923, quando retornou à Europa.

Com seu domínio de muitas línguas, percorreu o continente e publicou livros de síntese que constituíram obras de referência por décadas. Em 1927, tornou-se catedrático de arqueologia em Edimburgo, na Escócia. Childe pode ser considerado, a um só tempo, o maior teórico e também o mais prolífico e bem-sucedido divulgador da disciplina. Ele inspirou-se no marxismo para apresentar uma interpretação de toda a história da humanidade, desde muito antes da invenção da escrita até a atualidade, tomando por base a evolução tecnológica.

Com isso, procurou mostrar que cada época baseou-se numa determinada tecnologia e que sua superação sempre se deu por um avanço técnico (pedra lascada, polida, cerâmica, agricultura, bronze, ferro, máquinas). Seus livros *Man Makes Himself* (1936), traduzido como *Evolução cultural do homem*, e *What Happened in History* (1942), traduzido como *O que aconteceu na história*, apresentam-nos essas teorias, que se tornaram obras de referência em dezenas de países, inclusive no Brasil, por muitas décadas. Suas obras, até hoje, são os livros de arqueologia mais difundidos de todos os tempos. Childe dirigiu o Instituto de Arqueologia de Londres até 1956, quando se aposentou e voltou para a Austrália, suicidando-se em 1957, por motivos pouco claros, mas que parecem estar relacionados com sua própria trajetória de um homem humilde que chegou ao sumo da carreira, sem fazer parte, portanto, do ambiente aristocrático dominante na arqueologia britânica.

Gordon Childe também foi feliz em sua definição do trabalho do arqueólogo:

> A arqueologia é uma forma de história e não uma simples disciplina auxiliar. Os dados arqueológicos são documentos históricos por direito próprio e não meras confirmações de textos escritos. Exatamente como qualquer outro historiador, um arqueólogo estuda e procura reconstruir o processo pelo qual se criou o mundo em que vivemos – e nós próprios, na medida em que somos criaturas do nosso tempo e do nosso ambiente social.

Em poucas palavras, Childe resumiu tanto a especificidade do arqueólogo como sua inserção na sociedade em que vive e atua. Sua postura tem muitos defensores.

André Leroi-Gourhan (1911-1986)

André Leroi-Gourhan pode ser considerado o maior representante de um tipo diferenciado de arqueologia, muito próximo à etnologia, entendida à maneira francesa, como o estudo do modo como as pessoas vivem em sociedade. Leroi-Gourhan, nascido na França, aprendeu russo e chinês na Escola de Línguas Orientais, tendo ainda estudado no Japão na década de 1930. De 1940 a 1945, esteve como pesquisador do prestigioso *Centre Nationale de la Recherche Scientifique*, curador do Museu Guimet (dedicado às civilizações asiáticas) e diretor associado do novo Museu do Homem (dedicado às civilizações "primitivas" africanas e americanas).

Atuou na Resistência à ocupação alemã e publicou importantes livros sobre o homem e suas técnicas, tendo forjado conceitos como o de gesto técnico. Uma maneira de ilustrar o conceito de gesto técnico é pensarmos como fazemos as coisas. Ao prestarmos atenção aos gestos, por exemplo, daqueles que fazem potes, afiam facas, tecem, cortam as carnes de animais, debulham cereais, aram o campos, imitamos e tentamos fazer igual. Se não dominarmos os gestos corretos, não conseguimos fazer uma coisa tão simples e elementar como lascar uma pedra. Quem já tentou, sem sucesso, lascar uma pedra sabe do que estamos falando.

Professor de Lyon, depois da Sorbonne e do College de France, Leroi-Gourhan formou arqueólogos franceses e de muitos outros países, como o Brasil, ensinando uma técnica de escavação inovadora, de grandes superfícies, conforme veremos mais adiante. Sua visão humanista tanto da disciplina como das culturas considerava todas as sociedades e povos dignos de valor. Essa postura que valorizava o ser humano foi fundamental, por exemplo, para que, no Brasil, surgisse uma arqueologia preocupada com os vestígios indígenas, que teve na pessoa do jornalista e intelectual Paulo Duarte um de seus principais pioneiros.

HISTÓRICO DA ARQUEOLOGIA E SUAS ÁREAS DE PESQUISA

A arqueologia possui múltiplas origens e muitas áreas de especialização. Normalmente, distingue-se a "arqueologia dos Estados Unidos" da "arqueologia europeia". Nos Estados Unidos do século XIX, os historiadores tratavam da civilização ocidental e euro-americana, enquanto cabia aos antropólogos o estudo das outras culturas, no presente ou no passado, em especial as ameríndias.

Seguindo essa tradição, a antropologia consolidou-se como área composta da linguística, voltada para o estudo das línguas, da etnologia, dedicada a observar os ameríndios vivos, e da arqueologia, encarregada do estudo dos vestígios dos índios mortos. Com o decorrer do século XX, ampliaram-se os interesses da antropologia norte-americana e, por extensão, da arqueologia, que passou a tratar até mesmo da própria sociedade euro-americana, com o desenvolvimento da chamada arqueologia histórica, definida como o estudo arqueológico do "mundo moderno" (a partir do século XV).

Na Europa, a arqueologia surgiu derivada da filologia e da história, preocupada em estudar os vestígios materiais da civilização ocidental. A primeira a surgir e, em certo sentido, a mais prestigiosa, foi a arqueologia clássica, já no início do século XIX, voltada para o estudo das civilizações grega e romana da Antiguidade. O próprio nome remete às suas origens, pois surgiu como derivação dos cursos de estudos clássicos, centrados nas línguas e literaturas clássicas, grega e latina, mas englobando disciplinas como história antiga, história da arte antiga, numismática (estudo das moedas), epigrafia (estudo das inscrições) entre outras.

Em seguida, surgiram as arqueologias egípcia, bíblica, mesopotâmica, voltadas para as civilizações precursoras àquelas chamadas clássicas. Essas diferentes formas de arqueologia chegaram aos Estados Unidos, mantendo-se separadas da arqueologia praticada nos cursos e trabalhos de antropologia. O século XIX foi marcado pela afirmação dos estados nacionais e pela ideologia nacionalista que buscava resgatar/criar valores para explicar e justificar as nações que surgiam ou se consolidavam. Esse nacionalismo incentivou o desenvolvimento das arqueologias que se voltavam para o estudo dos primórdios das nacionalidades, como no caso da arqueologia medieval europeia.

Ao lado dessas arqueologias históricas, o século XIX viu surgir o interesse pelo passado mais recuado, na própria Europa. Até a publicação de *A Origem das espécies*, de Charles Darwin, em 1859, livro que marcou época por explicar a origem do homem sem recorrer à religião, o passado da humanidade ainda estava ligado às interpretações bíblicas que atribuíam ao homem apenas alguns milhares de anos. As teorias evolucionistas deram novo alento ao estudo do passado mais remoto, baseadas na noção de evolução das espécies e, portanto, do homem, com a busca sistemática dos vestígios dos antigos seres humanos e de seus antepassados, os hominídeos.

A partir de meados do século XIX, começam a ser estudados os períodos mais recuados, em particular com o estudo dos períodos geológicos associados a artefatos feitos de pedra (ou *líticos*, no jargão arqueológico), criando-se os termos Paleolítico ou Idade da Pedra Antiga (antes de 8.000 a.C. no Oriente Médio) e Neolítico ou Idade da Pedra Recente (após 8.000 a.C. no Oriente Médio), em 1865. O termo pré-história passou a ser usado, referindo-se ao período da história anterior à escrita, em um quadro de busca das origens das populações europeias e, um pouco mais adiante, da humanidade em geral. Surgiu a arqueologia pré-histórica.

As duas tradições arqueológicas, europeia e norte-americana, contudo, nunca deixaram de diferenciar-se. Na América Latina, ambas têm seus adeptos, gerando uma multiplicidade de influências, às vezes contraditórias. O influxo da arqueologia antropológica norte-americana na América Latina sempre foi muito claro, tanto pela importância política, econômica e cultural dos Estados Unidos na região como pela atração que o modelo norte-americano produziu nas elites intelectuais latinas.

Assim é compreensível a separação que frequentemente se faz em nosso continente entre a história, voltada para o período de colonização europeia, estudada com base nos documentos escritos, e a antropologia, encarregada do estudo dos indígenas, povos sem escrita e que também foram encarados como "outros". Também a arqueologia histórica, tal como entendida nos Estados Unidos, surgida no final da década de 1970, expandiu-se muito na América Latina a partir da década de 1990.

Todavia, a influência europeia não deixou de fazer-se sentir por aqui, pois a construção das identidades nacionais latino-americanas não deixou de incluir, em diversos países, os ameríndios e, por isso, a busca das origens históricas, à maneira europeia, foi bem recebida entre nossos pensadores. Também o estudo das pinturas rupestres e dos mais antigos vestígios humanos, tão desenvolvido aqui por influência francesa, explica-se, em grande parte, pela adoção da noção de ligação estreita entre o homem moderno e seus antepassados mais recuados no tempo.

O DESENVOLVIMENTO DA ARQUEOLOGIA NO BRASIL

A arqueologia iniciou-se, no Brasil, com Peter Wilhem Lund, estudioso que montou um laboratório de paleontologia (estudo dos animais antigos) em Lagoa Santa, Minas Gerais, onde, entre 1834 e 1844, localizou 800 cavernas e descobriu fósseis antiquíssimos, animais extintos e restos humanos. As pesquisas arqueológicas só se ampliaram, contudo, com as atividades do Museu Nacional do Rio de Janeiro e com a vinda de estrangeiros para expedições na Amazônia e em outras partes do país, a partir da década de 1870. Com a República, começam a atuar os Museus Paulista, em São Paulo, e Paraense, em Belém. Essas pesquisas, embora se referissem à Pré-História, eram executadas por estudiosos de outras áreas e que não haviam estudado propriamente arqueologia.

Após a Segunda Guerra Mundial, inicia-se a pesquisa universitária em arqueologia, graças ao intelectual Paulo Duarte e seus contatos com Paul Rivet, diretor do Museu do Homem, de Paris. Duarte, um dos fundadores da Universidade de São Paulo, na década de 1930, criou a Comissão de Pré-História, em 1952, na USP, depois transformada em Instituto de Pré-História, inspirado no homólogo parisiense. Joseph Emperaire e Annette Laming-Emperaire foram trazidos da França e começaram a formar os primeiros arqueólogos acadêmicos brasileiros. Por iniciativa de Paulo Duarte, foi aprovada pelo Congresso Nacional a primeira lei federal de proteção do patrimônio arqueológico (Lei 3.924, de 1961), ainda hoje o principal instrumento legal de preservação dos vestígios arqueológicos.

Em 1964, um golpe de Estado implantou a ditadura no país, que duraria até 1985. A nascente arqueologia universitária humanista desenvolvida no Brasil logo começou a sofrer restrições, enquanto as autoridades militares brasileiras favoreciam o projeto norte-americano do Programa Nacional (ironicamente assim chamado) de Pesquisas Arqueológicas (Pronapa), comandado de Washington, Estados Unidos. No período de 1965 a 1971, Clifford Evans e Betty Meggers treinaram alguns brasileiros em uma prática de campo defasada, sem nenhuma preocupação interpretativa, deixando de lado qualquer pretensão universitária.

Enquanto isso, em plena ditadura, Paulo Duarte não hesitava em denunciar que houvera não uma revolução promovida pelos militares, mas sim um golpe de Estado em abril de 1964. Em 1969, Paulo Duarte, por se opor à ditadura, por defender a libedade acadêmica e, não menos importante, por sua luta por uma arqueologia humanista que valorizasse tanto os vestígios indígenas como os índios vivos, foi perseguido e cassado. Sua cassação foi seguida de uma tentativa de extinção do Instituto de Pré-História da Universidade de São Paulo, enquanto o regime favorecia, de forma decisiva, uma arqueologia que se desinteressasse pelas questões políticas, na melhor das hipóteses, ou que fosse explicitamente reacionária.

Com base na gradativa restauração das liberdades, a arqueologia científica, como a defendida por Duarte, começou a renascer. Embora tenha existido por alguns anos um curso de graduação de arqueologia, na Universidade Estácio de Sá, no Rio de Janeiro, o curso foi desativado e a arqueologia desenvolveu-se, no Brasil, principalmente como uma atividade de pós-graduação, em geral no quadro de um programa de história, antropologia ou outra área afim.

Há, hoje, duas grandes áreas de atuação dos arqueólogos no Brasil, a Pré-História e a arqueologia histórica, cada uma delas com diversos campos e temas específicos de pesquisa. No estudo da Pré-História, as principais discussões referem-se à antiguidade do homem na América, mas já há muitas reflexões sobre arte rupestre, sobre as características das sociedades pré-históricas amazônicas, sobre os amontoados de conchas (sambaquis) produzidos pelo homem num passado remoto e sua organização social, ao lado dos estudos da indústria lítica e cerâmica. Na arqueologia histórica, destacam-se as pesquisas que tratam da diversidade étnica e cultural do Brasil, como no caso das Missões Jesuíticas e dos Quilombos.

Crescente interesse têm despertado os aspectos públicos da arqueologia, seja no que se refere à legislação de proteção do patrimônio, seja nas práticas de caráter educativo em museus, bem como na importante defesa dos direitos das comunidades indígenas, negras e populares em geral.

CAPÍTULO 2
COMO PENSA O ARQUEÓLOGO: DO ARTEFATO À SOCIEDADE

Uma das condições mais comuns de trabalho do arqueólogo é a escavação. Costuma-se, antes de propor uma escavação, encontrar informações em documentos, em testemunhos orais, fotos e pinturas sobre possíveis ocupações antigas e, em seguida, faz-se um reconhecimento do terreno, por meio de uma prospecção. A prospecção é também chamada de levantamento ou *survey*, termo inglês.

Identificados vestígios na superfície, determina-se uma área a ser escavada (o leitor encontrará mais informações sobre isso adiante, ao tratarmos das sondagens). Hoje em dia, na escavação, costumam atuar arqueólogos profissionais, voluntários aprendizes e, às vezes, operários para o trabalho mais pesado e inicial de retirada da vegetação. Usam-se pás, picaretas, colher de pedreiro, pincéis, mas também baldes, peneiras, cordas, fitas métricas, papel para anotações e desenhos, câmaras fotográficas entre outros equipamentos.

O estrato arqueológico é a unidade básica do seu trabalho. Cada estrato representa uma ação humana, como um aterro, a fundação de um muro (veja figura na página seguinte). O arqueólogo define os estratos, com certa dose de subjetividade, mas sempre baseado no que se encontra no solo. Assim, cada estrato pode ser delimitado pela sua composição material particular e corresponde à determinada atividade humana, realizada pelos usuários originais desse espaço físico, ou a uma ação natural (depósitos de aluvião, inundações etc.).

O arqueólogo deve registrar os artefatos encontrados, por meio de desenhos, de modo que se possa saber a sua exata localização. Para isso, é necessário desenhar seções estratigráficas e planos horizontais. As seções correspondem à profundidade em que os artefatos foram encontrados e os planos, à sua distribuição espacial.

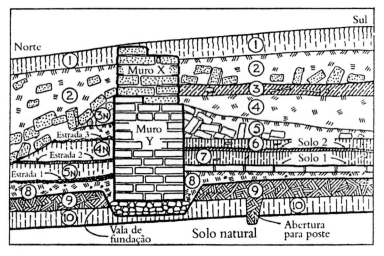

Exemplo de seção estratigráfica, com a definição das várias camadas superpostas ao longo do tempo. (Fonte: Guidi, 1999)

Assim, a transposição desses estratos para seções estratigráficas verticais e planos horizontais permite ao escavador, terminado o trabalho de campo que consiste propriamente em anotar o que se encontrou na escavação, reconstituir o estado do material no momento da descoberta. Suponhamos que se trate dos restos de uma casa, apresentando duas bases de muros em pedra e, no seu interior, grande quantidade de argila, reboco e cerâmica, conforme a imagem:

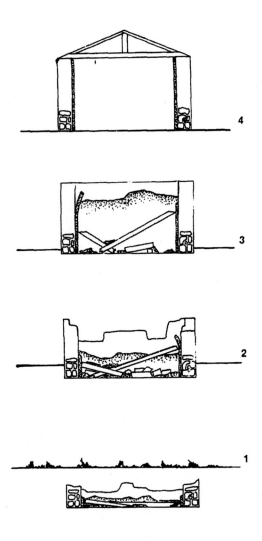

Ainda que se trate de um exemplo por demais simples para corresponder aos problemas reais derivados de situações concretas complexas, permite constatar que o objeto direto de observação do arqueólogo não é senão um vestígio, um destroço diminuto e material do contexto cultural. Por meio da leitura do registro arqueológico (ou seja dos vestígios que o arqueólogo encontrou e procurou reproduzir num desenho esquemático), deve-se chegar à reconstrução das atividades e ações que levaram ao estado atual do material encontrado. No caso exposto, o arqueólogo deve tomar por base o depósito arqueológico encontrado, tal como representado na figura 1, reconstruir as etapas de formação desse depósito (figuras 2 e 3), para chegar a uma reconstituição de ambiente do local de atividades socialmente significativo (figura 4).

A reconstituição proposta pelo arqueólogo é sempre subjetiva (ou seja, depende em boa parte de sua imaginação, incrementada com outros estudos e muito conhecimento sobre o povo e a época estudada, além de noções de arquitetura, por exemplo), pois os dados encontrados e anotados devem ser interpretados pelo escavador e diferentes estudiosos podem chegar a propor interpretações diversas. Qual a altura da parede original da casa? Com base em certos indícios, uns podem propor determinada altura, outros proporão outra, baseando-se em variadas hipóteses. Se não possuímos a parede preservada até o teto, como é o caso normalmente, sempre é necessário conjecturar a respeito.

A arqueologia nada mais é que uma leitura, ainda que um tipo particular de leitura, na medida em que "o texto" sobre o qual se debruça não é composto de palavras, mas de objetos concretos, em geral mutilados e deslocados do seu local de utilização original. É impossível ignorar a subjetividade do trabalho arqueológico. Por outro lado (em função da "busca da verdade"), há uma crescente preocupação com a interdisciplinaridade, em especial, no que se refere à ajuda proporcionada por outras disciplinas que lidam com "leitura" e "interpretação", em particular, com aquelas que se voltam para os objetos também, como é o caso da semiótica, disciplina preocupada com os princípios teóricos da comunicação.

Há outras formas de leituras das imagens que podem ser, também, úteis para o arqueólogo, como é o caso da psicanálise, em aparência, tão distante da arqueologia. Espadas, por exemplo, têm sido interpretadas como símbolos fálicos (pênis ereto), uma influência direta da teoria de Freud na análise de um artefato.

OS ARTEFATOS, INDICATIVOS E MEDIADORES

Como pode o arqueólogo "escavar, não coisas, mas pessoas" (como propunha Wheeler)? Para compreender como isso é possível, é necessário entender que o objeto de estudo do arqueólogo, enquanto "matéria assimilada às necessidades humanas, graças a uma mudança de forma", é sempre indicativo das relações sociais nas quais foi produzido e apropriado. São indicativos no sentido de "indicadores" e "indutores" de relações sociais: uma caneta "indica" o seu uso (para escrever), sua forma de produção (produto industrial), assim como "induz" o usuário a usá-la para a escrita.

Sendo indicadores dessas relações, os restos materiais exigem, para que a proposta de Wheeler se concretize, uma leitura específica, arqueológica, das coisas, que não devem ser tomadas como dados – "fatos" ou informações em estado bruto – mas como algo a ser interpretado pelo arqueólogo. A possibilidade de interpretação desses indícios explica-se pelo fato de os artefatos serem produto do trabalho humano e, portanto, apresentarem necessariamente duas facetas: terem uma função primária (uma utilidade prática) e funções secundárias (simbólicas).

Uma taça de ouro, por exemplo, indica, pela forma, sua função básica de recipiente para beber e, pelo material caro de que é feita, uma determinada riqueza do proprietário. Um grande recipiente cerâmico indica, a um só tempo, sua função de vaso destinado a alimentos e, de certo modo, coletivo, de consumo alimentar. Nada disso está explícito, mas quem conhece o vaso saberá – ou deduzirá – isso tudo.

O artefato, por outro lado, não é apenas um indicador de relações sociais, mas, enquanto parte da cultura material, atua como direcionador e mediador das atividades humanas. Seguramos uma taça de vinho pela haste e uma xícara pela alça, direcionados, por assim dizer, pela forma da taça e da xícara. No seu significado humano, o objeto apresenta-se como o "meio de relação" entre os indivíduos que vivem em sociedade, como forma peculiar de inter-relação, pois todo o relacionamento das pessoas com o mundo em que vivem passa pelos artefatos.

Esse papel de agente mediador assumido pelo artefato torna-se claro quando pensamos nos sinais de prestígio e poder que emanam desses objetos, determinando comportamentos específicos entre as pessoas, no interior da sociedade: o uso de um cocar indígena exige uma postura particular daquele que o porta e comportamentos determinados, como o respeito, por parte dos outros membros do grupo. Esse direcionamento, embora mais evidente na esfera do poder ou da identidade cultural – como nas associações entre a cruz e os cristãos ou entre a menorá (um tipo de candelabro) e os judeus – estende-se para todo universo material apropriado pela sociedade.

OS OBJETOS ARQUEOLÓGICOS NA SOCIEDADE CONTEMPORÂNEA

Os vestígios arqueológicos, a partir do momento em que são reintegrados num contexto cultural em funcionamento como o nosso, tornam-se novamente mediadores. Esse processo pode ocorrer por uma apropriação casual, como é comum no caso de instrumentos de sílex pré-históricos, utilizados pelas populações locais em regiões do Brasil como pederneiras (as chamadas pedras de fogo) ou como simples enfeites. Em geral, contudo, é o arqueólogo quem reintroduz artefatos de culturas extintas numa sociedade viva.

Boa parte dos objetos, na medida em que não possui valor material ou científico, segundo os padrões sociais vigentes no momento de sua recuperação, é novamente desativada e tratada como lixo. Mas aqueles objetos reintegrados pelo arqueólogo passam a possuir novas funções e a exercer mediações no interior das relações sociais em que foram inseridos. Esses artefatos podem adquirir funções ideológicas, tanto no sentido de fazer com que as pessoas endossem as ideias dominantes, como que as critiquem.

As estátuas dos imperadores romanos, por exemplo, nos induzem a aceitar a importância desses personagens para a história. Esses artefatos reforçam uma ideologia dominante. Um memorial dedicado aos indígenas, uma praça dedicada à herança africana, um museu dedicado aos primatas, tudo isso pode servir para uma visão crítica. Menires ou objetos de antepassados indígenas podem ser valorizados por exposições em museus ou deixados ao relento, e a própria forma de expor os materiais em museus pode ter uma conotação ideológica, por exemplo.

Na medida em que essa reapropriação dos artefatos pelos cidadãos envolve uma relação de poder, a mediação do artefato arqueológico adquire importância crucial. Assim, discussões relativas ao que conservar, em qual instituição, com quais condições de acessibilidade e, ainda mais, quanto à propriedade científica do material, dizem respeito a todo um conjunto de questões ligadas aos artefatos. Dessa forma, a preservação nos museus exclusivamente de obras de arte – apreciadas enquanto produtos utilizados pelas elites antigas – remete, nas sociedades contemporâneas, a uma valorização da vida aristocrática como momento de plenitude que o tempo desgasta e que se tenta renovar pela conservação.

Não é à toa que, embora a arqueologia estude as séries, o repetir-se da ação humana refletindo nos objetos do cotidiano – sendo esse o material mais comum proveniente das escavações – predomine ainda, nas instituições e nas publicações arqueológicas, a atenção para com os objetos únicos e excepcionais. Essa é uma consequência inevitável da própria configuração das sociedades contemporâneas, nas quais atua o arqueólogo e das quais faz parte.

No entanto, o caráter específico do material arqueológico permite igualmente ao pesquisador escapar dessa perspectiva limitada, voltando-se para a prática de uma ciência que "difunda a cultura material do ambiente, das cidades e dos produtos", como parte de uma perspectiva de reflexão social e de ação social concreta. Esse é o caso da valorização da cultura material dos indígenas, em uma sociedade como a brasileira, com grande herança genética e cultural desses povos, para ficar apenas em um exemplo muito pertinente. Cerca de 30% da população brasileira tem alguma ascendência indígena e a influência indígena em nossa cultura vai da língua à culinária, passando pelos nossos costumes de asseio pessoal (os famosos banhos frequentes). Os vestígios arqueológicos indígenas adquirem, nesse contexto, grande potencial de conscientização cultural.

O CONTEXTO CULTURAL DA ATIVIDADE HUMANA

As relações humanas, em qualquer sociedade, dão-se por meio de contatos, seja entre o homem e a natureza, seja entre os próprios homens. A cultura é tudo o que é criado, feito (desenvolvido, melhorado, modificado) pelo próprio homem, diferentemente do que fornece a natureza. Na cultura, está representada a qualidade fundamental do homem: a sua capacidade de desenvolver a si mesmo, que torna possível a própria história da humanidade. O objeto apropriado ou desenvolvido pelo ser humano converte-se em artefato, recebe uma forma dada pelo homem, uma "forma humana", porque encerra em si um conteúdo social, e não apenas natural. Por exemplo, o objeto apropriado da natureza transforma-se em ferramenta, portanto um produto do trabalho (instrumento de caça, de preparação de peles etc.).

Entretanto, o artefato, ainda que criação do ser humano, continua a ser um objeto, e assim parece algo muitas vezes distante do seu criador, como se tivesse vida própria. O objeto, ao entrar no universo humano, parece adquirir uma autonomia de sua base material, sendo em qualquer sociedade carregado de valores simbólicos que não deixam de confundir tanto seus usuários quanto o arqueólogo, ainda que observador externo e inserido em outra sociedade. O artefato, ao deixar de ser apenas um objeto, parece adquirir uma vida biológica, dotada de nascimento, crescimento, maturidade, envelhecimento e morte, o que é uma ilusão apenas, pois coisas de fato não "vivem".

Podemos ter a ilusão que um artefato como as saias femininas foram se tornando mais curtas ou mais compridas com o tempo, como se a tendência de diminuir (ou de aumentar) fosse parte de uma sequência análoga à da vida: longa (nascimento), menos longa (crescimento), curta (ápice ou vida adulta), muito curta (velhice), volta a aumentar (novo nascimento). No entanto, uma saia não tem vida própria e só podemos entender a saia, em cada momento, no conjunto de roupas usadas em determinado período. E tanto a saia como o restante do vestuário é feito por nós, seres humanos.

Por outro lado, e como reverso dessa "humanização" do universo material, ocorre uma falsa percepção de que as relações humanas sejam naturais, e não históricas e sociais. Assim, há uma tendência a um paradoxo importante para o arqueólogo: a coisa parece ter vida – crescimento, maturidade e decadência – enquanto a vida humana, muitas vezes, parece um mero objeto, determinada simplesmente por condições ambientais e biológicas. (Karl Marx dizia que as coisas são fetichizadas e as relações sociais "coisificadas", no processo de reificação, que significa "tornar coisa").

Essas tendências que conduzem a equívocos, embora se refiram a qualquer estudo do universo físico socialmente apropriado, tornam-se mais profundas e complexas quando se estudam sociedades já extintas. Isso é ainda mais importante se considerarmos que o arqueólogo trabalha, em geral, apenas com vestígios materiais de grupos sociais não mais observáveis diretamente.

A ambivalência material/humano, ainda que pareça abstrata, adquire importância capital para que se entenda por que, no estudo das sociedades, valendo-se de seus elementos materiais, tarefa da arqueologia, não raras vezes – equivocadamente – objetos são considerados fora de seu contexto social e comportamentos de sociedades estudadas são vistos como meras decorrências de desígnios da natureza.

No primeiro caso, isso significa considerar o objeto fora do seu contexto social. Um exemplo, bastante comum na arqueologia brasileira, consiste na chamada seriação, uma maneira de classificar os artefatos com base no pressuposto de que eles seguem o esquema nascimento/crescimento/ápice/declínio. O princípio é o seguinte: um objeto começa a ser produzido em pequenas quantidades e, com o passar do tempo, torna-se mais popular e cresce em produção até atingir um ápice. Em seguida, passa a ser menos requisitado, caindo gradativamente de moda, até desaparecer. Isso poderia demorar séculos.

O pressuposto que os objetos sempre seguem essa "trajetória de vida", no entanto, não encontra sustentação nos fatos da realidade. Alguns objetos surgem e desaparecem muito rapidamente, sem passar pelas fases mencionadas, outros sofrem altos e baixos, tornam-se mais ou menos aceitos e mudam com o tempo por causa dos outros objetos, não por uma suposta tendência a crescer, ficar maduro, envelhecer e morrer. Isso sabemos dos artefatos que conhecemos e com os quais convivemos. Os artefatos arqueológicos, muitas vezes sem datação, podem ser manipulados para que sigam essa sequência (nascimento, crescimento, maturidade, diminuição e

ESQUEMA 2 – CULTURA

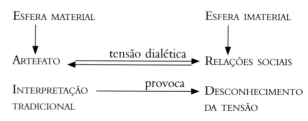

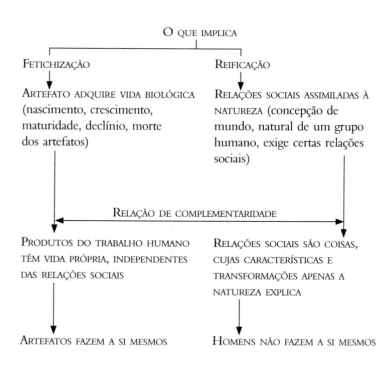

morte). Aí está o perigo, pois acabamos por construir uma história da vida de artefatos sem qualquer fundamentação na realidade.

Em sentido contrário, as relações sociais podem ser equivocadamente tomadas como dados naturais. Assim, por exemplo, certos pesquisadores apegam-se a um pressuposto de que no passado os grupos humanos se deslocavam apenas em função dos recursos materiais disponíveis no meio ambiente. Valendo-se disso, interpretam os vestígios de deslocamentos e assentamentos humanos que encontram em determinados lugares levando em conta apenas as condições ambientais naturais. Qual o problema? Muitos.

Em primeiro lugar, os pesquisadores acabam interpretando o que encontram apenas em função disso, sem cogitar outros tipos de motivações (sociais, políticas, psicológicas, ideológicas etc.) que teriam movido os seres humanos no passado. O resultado pode ser catastrófico, pois, no limite, o arqueólogo vai procurar encontrar aquilo que de fato nunca existiu, no caso, indícios de secas, enchentes ou escassez alimentar que teriam provocado migrações. Além disso, tratando os seres humanos como meros objetos das condições naturais, os pesquisadores podem acabar deixando de lado outros indícios importantes apenas porque esses não se encaixam em sua teoria.

■ QUANDO A ÚNICA INFORMAÇÃO É O MATERIAL E O SEU CONTEXTO AMBIENTAL

Uma distinção deve ser feita, no raciocínio do arqueólogo, entre a interpretação de ocupações pré-históricas, cuja única fonte de informação imediata é o próprio material e seu contexto, e a disponibilidade de informações textuais que caracteriza a arqueologia histórica. "Para o pré-historiador, um povo é exatamente o que ele fez. Sua cultura é seu comportamento fossilizado, e é isso que os nomes das culturas conotam", nas palavras de V. Gordon Childe.

Mas, como os artefatos não falam por si mesmos, torna-se necessária a utilização de analogia com o que encontramos em situações constatadas em tribos vivas, o que chamamos abordagem etnográfica. Pode-se, por exemplo, utilizar o conhecimento etnográfico – derivado de estudos antropológicos com indígenas atuais e das descrições dos viajantes europeus do período colonial – para compreender a distribuição espacial dos sítios pré-históricos de certas regiões do Brasil.

Deve admitir-se, contudo, que os paralelos etnográficos podem apenas sugerir algumas possibilidades, alternativas na interpretação dos vestígios, como advertira o antropólogo britânico E. Leach. Isso dificulta a formulação de hipóteses seguras, dado que, a uma mesma organização dos vestígios, podem corresponder diferentes realidades sociológicas.

A CONVERGÊNCIA DE FONTES E SUA SIGNIFICAÇÃO PARA O ARQUEÓLOGO

A arqueologia histórica, que dispõe de informações escritas produzidas pela mesma cultura que utilizou os objetos analisados pelo arqueólogo, apresenta características específicas, derivadas da convergência dessas duas categorias documentais. Tanto os documentos escritos como a cultura material são produtos de uma mesma sociedade, mas não são, necessariamente, complementares ou convergentes, pois o documento escrito representa as ideias e interesses subjetivos de seu autor, à diferença da cultura material. Daí o surgimento de uma questão infundada que preocupou (e ainda preocupa) arqueólogos e historiadores: qual das duas fontes possuiria primazia em caso de divergência, a material ou a escrita?

Cabe lembrar que, embora sejam ambas produtos de uma mesma sociedade, uma é o resultado direto do trabalho humano, enquanto a outra é, sempre e inevitavelmente, uma representação ideológica da realidade, transposta para o texto escrito hoje disponível. Os documentos escritos informam-nos sobre as ideias de seus autores, em geral pertencentes a uma minoria dos que sabem ler e escrever. A escrita, assim, é um instrumento de poder, de classe. A cultura material, por outro lado, é o resultado, em grande parte, do esforço das pessoas comuns e conserva-se, muitas vezes, sem que assim se queira ou planeje, como testemunhos involuntários da história.

ESQUEMA 3 - CULTURA

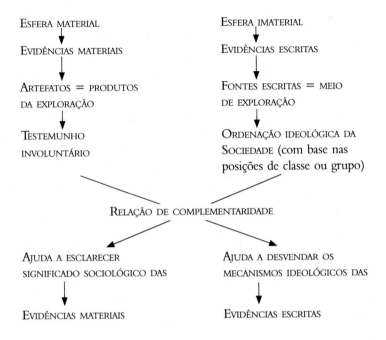

Procurou-se, muitas vezes, confirmar informações textuais com os vestígios arqueológicos disponíveis, resultando, em geral, num falseamento de ambas as categorias documentais. É o que acontece, por exemplo, com as descrições de fábricas na Inglaterra da Revolução Industrial, utilizadas, não poucas vezes, como modelo a ser contraposto aos restos reais de galpões industriais. Os edifícios concretos raramente correspondiam aos planos e, no decorrer do tempo, mudavam também. Mesmo quando se trata de documentação material e escrita referente à economia, tem-se percebido que eventuais contradições dependem de lacunas da informação disponível.

Um caso significativo refere-se à produção e exportação de vinho e azeite durante o Império Romano, havendo certos silêncios materiais – como a ausência de recipientes vinários italianos a partir do primeiro século d. C. em oposição às referências textuais ao mesmo – e omissões textuais – não há referências à extensão geográfica do consumo do azeite espanhol, conhecido graças às evidências materiais.

Os estudos mais recentes nesse campo indicam que convém utilizar as informações textuais e os dados arqueológicos como complementares, podendo ambos conter indicações que se confirmem ou estejam em desacordo, cabendo ao estudioso explorar tanto as convergências como as possíveis diferenças. Dessa forma, pode-se esclarecer melhor tanto o sentido das evidências materiais quanto os mecanismos ideológicos ocultos nas informações escritas.

DOS OBJETOS AOS HOMENS: O CASO DAS ÂNFORAS

As ânforas romanas permitem exemplificar, de maneira bastante clara, o raciocínio arqueológico, que permite a passagem das coisas aos homens, ou seja, como podemos chegar a conhecer as relações sociais com base nos artefatos. Isto se explica pela ligação particularmente direta entre esses artefatos e fenômenos de ordem econômica e social, constituindo-se em indicativos materiais imediatos de realidades sociológicas.

As ânforas romanas eram vasos recipientes cerâmicos, variando entre 40 e 110 centímetros de altura, destinados ao transporte a longa distância de vinho, azeite e condimentos alimentares, com capacidade entre 10 e 90 litros. Cada forma destinava-se a um produto específico de determinada região, o que significa, do ponto de vista do arqueólogo, que a presença de uma certa forma de ânfora indica o consumo ou a produção de um determinado produto.

Um certo tipo de ânfora muito comum no primeiro século d. C., conhecido como forma Dressel 2-4, destinava-se ao transporte dos melhores vinhos italianos. Essa destinação é conhecida por análises físico-químicas de restos de vinho nas paredes do vaso e por inscrições referentes ao conteúdo.

Tomando por princípio essa identificação entre uma forma de vaso (ânfora de tipo Dressel 2-4) e um produto comercializado (o vinho italiano), a presença de restos desses recipientes em diversas regiões do Mediterrâneo, em quantidade variável de local a local e de época a época, permite ao arqueólogo obter informações sobre diversas questões econômicas e sociais da Roma Antiga. Pode-se, dessa forma, (1) delimitar as regiões importadoras (África, Egito, Palestina etc.); (2) determinar os ritmos de expansão da exportação do vinho italiano no decorrer do primeiro século d. C.; (3) chegar a porcentagens de exportação de vinho italiano em relação aos outros vinhos (gauleses, espanhóis, gregos); (4) calcular o movimento de recursos provenientes das regiões importadoras em direção aos proprietários rurais viticultores etc. Partindo de objetos

ESQUEMA 4 - ARTEFATO COMO ÍNDICE DE RELAÇÕES SOCIAIS

EVIDÊNCIAS MATERIAIS   REALIDADE SOCIOLÓGICA

Vasos   Agrupados em
        um tipo por
        semelhanças de
        forma (ânfora
        tipo Dressel 2-4) ⟶ Para transportar vinho italiano
                              no século I d. C.

1. Locais de achado (Itália, ⟶ Mercados importadores do
África, Egito etc.)   vinho italiano (nº de consumi-
                                dores etc.)

2. Relação entre ânforas de ⟶ Divisão dos mercados entre as
vinho italiano e de outras   regiões produtoras de vinho;
regiões   variação na entrada de recursos
                               para a Itália

3.Variação da sua presença ⟶ Ritmos da viticultura italiana;
no decorrer do século I d. C. ritmos do consumo do vinho
                               italiano no Mediterrâneo

concretos, portanto, no caso as ânforas de tipo Dressel 2-4, pode-se restabelecer determinadas relações socioeconômicas, pois os artefatos são indicativos dessas relações.

Não se pode, contudo, compreender toda a significação desse, como de qualquer outro, artefato sem levar em conta o papel de mediador que possuía na sociedade em que se inseria. Assim, para se entender a organização concreta (nos armazéns, navios e lojas) do comércio romano de vinho e azeite é necessário admitir que as ânforas direcionassem as atividades dos funcionários, comerciantes e consumidores que entravam em contato com elas. Só dessa forma se torna compreensível como se poderia, por exemplo, sem abrir cada ânfora para saber seu conteúdo (considerando-se que em geral não tinham inscrições que indicassem o produto transportado), organizar o armazenamento dessas ânforas nos depósitos.

Existindo dezenas de formas diversas, destinadas, portanto, a dezenas de produtos diversos, tornava-se imperativo o reconhecimento, pela própria configuração externa do vaso, do conteúdo no seu interior, permitindo um encaminhamento de cada tipo para seu devido lugar. Os compradores de vinho, por sua parte, deviam saber, na hora de comprar uma ânfora numa loja, sua qualidade, origem e valor, pela própria forma do vaso: algo semelhante ao que ocorre, hoje, com as garrafas. De forma que, como fica evidente nos casos citados, o potencial de direcionamento de atividades humanas presente no artefato deve ser levado igualmente em conta pelo arqueólogo.

EM BUSCA DE QUÊ?
A INFLUÊNCIA DOS MODELOS DE INTERPRETAÇÃO

O material arqueológico comporta leituras diversas: "é a maneira de abordar as evidências materiais que as faz falar" (como afirmam os arqueólogos franceses Cleziou, Demoulle e Schnapp). Isto significa que as respostas que podemos obter dependem das questões que colocamos ao nosso objeto de estudo.

Essas perguntas não são aleatórias, derivadas de fatores subjetivos e pessoais, tais como uma preferência fortuita por certos materiais (cerâmica decorada, joias etc.) que fossem particularmente apreciados por um arqueólogo. A recuperação e o tratamento de informações arqueológicas (e não de "fatos") dependem, além da sua observação direta, de um conjunto de pressupostos em combinação com teorias ou hipóteses. Na verdade, a própria definição de informação arqueológica e as decorrentes estratégias de sua recuperação e armazenamento implicam, explícita ou implicitamente, uma concepção teórica tanto sobre a função da arqueologia quanto sobre a organização social da sociedade estudada.

No primeiro caso, qualquer delimitação do objeto de estudo e dos objetivos da arqueologia por parte do arqueólogo implica já uma seleção dos interesses e ênfases no próprio trabalho de campo. Isso explica, por exemplo, as diferenças entre os diversos métodos de prospecção arqueológica de superfície, ou seja, de registro e coleta de vestígios materiais espalhados no terreno (estruturas fixas, como muros; e móveis, como restos de vasos cerâmicos). Um levantamento que procure restabelecer "fatos" arqueológicos catalogará o maior número possível desses artefatos fixos e móveis e definirá um conjunto de sítios arqueológicos.

Por outro lado, se saímos do sítio arqueológico para pensarmos na antiga sociedade que deixou esses vestígios, se a coleta de informações visa a obtenção de elementos sobre as comunidades que ocuparam tal espaço em determinada época, a ênfase desloca-se, então, do estudo das coisas para o estudo das relações entre elas (variabilidade, covariação, associação, mudança e processo). O objetivo, nesse caso, não é apenas o estabelecimento de um simples mapeamento de sítios arqueológicos, mas de uma rede articulada de relações entre centros de atividade humana.

O sítio arqueológico pode ser, nessa perspectiva, uma fazenda agrícola escravista, uma casa camponesa, uma olaria cerâmica, ou seja, uma unidade funcional dentro de uma rede de relações significativas entre as unidades que seriam, por exemplo, consideradas como fazendas ou olarias (e não simples amontoados de ruínas). Apenas por meio do sistema de assentamento, da dinâmica de relações entre olarias, fazendas, cidades etc., pode-se entender, além da sua função, o porquê da sua localização e como se inter-relaciona com os outros artefatos. Esta passagem do contexto arqueológico para o contexto cultural, no entanto, depende de uma postura metodológica por parte do arqueólogo, não apenas quanto aos seus objetivos mas também quanto ao caráter específico da sociedade que ele procura compreender com seu estudo.

Devemos reconhecer a importância da explicitação do quadro teórico no qual se efetua o trabalho arqueológico. Isso implica que o próprio observar das informações arqueológicas pressupõe um modelo de funcionamento e transformação da sociedade que se estuda. Um exemplo de modelo, o processual, já clássico na arqueologia americana, baseia-se no princípio segundo o qual as pessoas vivem em locais a fim de minimizar os esforços para a aquisição de recursos e maximizar os resultados desses recursos adquiridos. Localizar-se perto de um veio d'água, por exemplo, para minimizar os esforços, e usar a água para irrigação em uma planície, para maximizar os resultados.

É claro que para as correntes antropológicas que, diferentemente dessa, privilegiam, no estudo das sociedades simples, as motivações culturais da vida social, a hipótese apresentada sobre minimização de esforços e maximização de resultados parece, desde o início, infundada (pois nem todos os povos e pessoas se comportam, ou se comportaram no passado, dessa maneira). Sua reconstrução das sociedades extintas fundamentada em sítios arqueológicos, portanto, seria inevitavelmente outra, pois suas bases conceituais de observação e análise seriam diversas.

Não se pode, assim, restabelecer sistemas sociais extintos apenas tendo em vista seus vestígios, pois abordagens alternativas, baseadas em pressupostos metodológicos diversos resultarão em reconstruções diferentes. Daí a importância da explicitação das bases axiomáticas – os pressupostos – do raciocínio arqueológico em cada caso. Se encontramos um vaso de cerâmica com boca larga, podemos interpretá-lo como indício de refeições coletivas, nas quais diversos indivíduos serviam-se do mesmo vaso, ou, ao contrário, propor que cada indivíduo se servia, com o uso de recipientes perecíveis, como cabaças, que infelizmente não chegaram até nós como vestígio arqueológico. Num caso, consideramos que a sociedade era mais coletiva em seus hábitos, todos bebiam de um mesmo vaso e, na outra interpretação, consideramos que a individualização era importante. Os vestígios podem ser os mesmos, mas a interpretação variará conforme consideremos ter sido a sociedade que os deixou.

Em minha opinião e na de vários outros especialistas, mais férteis que os modelos transculturais são aqueles utilizados como recursos interpretativos voltados ao estudo de certos tipos específicos de organização social. No campo da interação do homem com o meio ambiente, têm-se desenvolvido, por exemplo, modelos de ocupação do espaço. Alguns arqueólogos tiveram a ideia de usar os mesmos modelos propostos por estudos de geografia econômica desenvolvidos para entender o nascimento e crescimento de cidades desde a Revolução Industrial para compreenderem a localização de aldeias pré-históricas, grupos de caçadores e coletores e cidades antigas e medievais.

No entanto, perceberam que a utilização desse modelo para sociedades pré-capitalistas não pode ser automática, direta, devendo determinar-se o grau de predomínio das relações mercantis em cada caso estudado, pois elas influenciam nas formas de ocupação do espaço de forma apenas muito parcial antes do desenvolvimento do capitalismo. Para compreender sítios arqueológicos medievais, melhor será ter em mente como as relações feudais entre camponeses e senhores se refletiam na localização das casas camponesas, das aldeias e dos castelos. Já para o mundo romano, a localização de fazendas escravistas seguia outra lógica e as estradas, por exemplo, exerciam um papel importante. Assim, numa mesma região, o assentamento romano e, posteriormente, medieval, seguiam lógicas diversas e resultaram em vestígios arqueológicos muito diferentes. As estradas romanas definiam onde se localizavam as fazendas, enquanto, na Idade Média, as aldeias orientavam-se pela localização dos castelos. Esses exemplos mostram como o estudo das especificidades históricas dá conta de questões que passam despercebidas por modelos transculturais.

AS TEORIAS ARQUEOLÓGICAS

A própria arqueologia só pode ser entendida em seu contexto histórico e social, como alertava o arqueólogo britânico Michael Shanks há algum tempo. Desde seu surgimento, diversas teorias desenvolveram-se e, de certa forma, todas elas continuam até hoje sendo utilizadas.

O modelo histórico-cultural

Herdeira do nacionalismo do século XIX, a arqueologia tem no modelo histórico-cultural sua teoria mais difundida. Tomando por base a noção de que cada nação seria composta de um povo (grupo étnico, definido biologicamente), um território delimitado e uma cultura (entendida como língua e tradições sociais), formou-se o conceito de cultura arqueológica. Essa seria um conjunto de artefatos semelhantes, de determinada época, e que representaria, portanto, um povo, com uma cultura definida e que ocupava um território demarcado.

Esse modelo está calcado em suas origens filológicas e históricas e desenvolveu-se no contexto da busca das origens pré-históricas dos povos europeus, tendo surgido na Alemanha, com Gustav Kossina, e se generalizado graças à genialidade de Vere Gordon Childe. Childe retirou os pressupostos racistas do modelo original – que consideravam os "arianos" como uma raça superior – e desenvolveu o conceito de cultura arqueológica, acoplando-o ao evolucionismo marxista, com seus estágios progressivos de desenvolvimento tecnológico: tecnologia da pedra lascada, da pedra polida, do bronze, do ferro, até chegar à indústria, abrangendo toda a história da humanidade.

Childe inspirou-se no marxismo e sua ênfase no desenvolvimento tecnológico como elemento chave para determinar todas as relações sociais. Assim como na sociedade moderna a industrialização determina nosso modo de vida (urbano, com mercadorias feitas em série, trabalho assalariado e tudo o mais), no início, o homem dispunha apenas da pedra como instrumento e a sociedade refletia essa tecnologia básica (vida nômade, caça e coleta). Com o tempo, o domínio do bronze e do cobre levou à vida urbana, e a tecnologia do ferro, posteriormente, permitiu o surgimento de impérios como o romano. Essa abordagem, com base na tecnologia, foi muito importante para a arqueologia, já que o arqueólogo encontra os vestígios materiais (pedras, metais) que estão na origem das tecnologias determinantes das relações sociais em diferentes momentos históricos da humanidade.

O modelo histórico-cultural parte do pressuposto de que a as pessoas compartilham, de forma homogênea, os traços culturais e que as tradições passam de geração a geração. Todos os indivíduos de determinado grupo compartilhariam as mesmas ideias e a mesma cultura material. (Essa homogeneidade significaria, por exemplo, que todos os brasileiros tivessem uma mesma ideia sobre o Brasil e todos comessem feijoada). Valendo-se desses pressupostos, seria possível tentar determinar os antepassados dos germanos ou dos guaranis. Esse modelo, ainda que tenha sofrido muitas críticas por seus equívocos (generalizações descoladas da realidade), como veremos, continua a ser o mais utilizado em arqueologia, em suas múltiplas variantes e formas.

A arqueologia processual

O primeiro assalto consistente ao paradigma do modelo histórico-cultural viria daqueles que não praticavam a arqueologia de cunho filológico e histórico, à maneira europeia. No contexto da arqueologia antropológica norte-americana, surgiu um movimento, na década de 1960, que se autodenominava de *New Archaeology* ou Arqueologia Processual, capitaneada pelo arqueólogo norte-americano Lewis Binford. Começou-se com o grito de guerra de que "a arqueologia é antropologia ou não é nada", em claro desafio ao caráter histórico da arqueologia histórico-cultural.

Segundo essa visão, a história estaria em busca dos eventos e das culturas singulares, enquanto a antropologia americana ressaltava que haveria regularidades no comportamento humano. Buscavam-se, pois, na arqueologia proposta, elementos universais de comportamento humano, que não se limitariam a uma ou outra sociedade. Para usar um exemplo que todos aceitariam: todo ser humano gosta de beber água e busca meios de ter acesso à água para beber. Partia-se, ainda, do pressuposto que os homens maximizam os resultados e minimizam os custos, em qualquer época e lugar.

Assim, judeus, cristãos e muçulmanos que ocupam a Palestina, segundo essa perspectiva pouco preocupada com as diferenças culturais, teriam cidades muito semelhantes, adaptadas ao meio ambiente, visando minimizar o esforço humano e maximizar os benefícios para o homem. Assim, estudar o assentamento humano há dez mil anos na Mesopotâmia ou na China deveria partir dos mesmos pressupostos e pouco importavam as características históricas específicas.

Surgida no contexto da Guerra Fria e tendo atingido seu ápice na década de 1970, a arqueologia processual continua bastante difundida, ainda que nunca tenha conseguido suplantar, em popularidade acadêmica, o modelo histórico-cultural.

Críticas e novas propostas

A partir da década de 1980, começaram a surgir críticas contundentes ao processualismo. Nas ciências humanas, em geral, difundia-se o pós-modernismo e as discussões em torno da ideia de verdade científica. Com base no conceito de que as ciências são construções discursivas, inseridas em contextos sociais, desmontou-se a lógica do processualismo: a arqueologia processual foi acusada de refletir uma visão capitalista do passado humano, privilegiando uma interpretação materialista pouco preocupada com as diversidades culturais, como se todos os seres humanos tivessem agido, sempre e em todo lugar, de acordo com a lógica capitalista. Ora, os homens não foram sempre, e em toda parte, capitalistas.

Alguns pesquisadores, como o arqueólogo britânico Ian Hodder, começaram a ressaltar que havia uma dimensão simbólica na cultura que não podia ser deixada de lado, já no início da década de 1980, mas foi a publicação de *Re-Constructing Archaeology*, pelos arqueólogos britânicos Michael Shanks e Christopher Tilley, em

1987, que marcou o processo de reconstrução da arqueologia sob novos pressupostos. Juntaram-se os aportes das ciências humanas e sociais contemporâneas e, valendo-se disso, criticaram-se tanto o modelo histórico-cultural quanto o processual.

O histórico-culturalismo foi criticado por considerar ingenuamente que todas as pessoas compartilham valores, em determinada sociedade, e que cada sociedade se distingue das outras por esses mesmos valores. Ao contrário, as sociedades são distintas e no interior de cada uma há grande variação. Assim, do mesmo modo que nem todos os brasileiros gostam de feijoada, nem todos falam com o mesmo sotaque, nem todos usam os mesmos artefatos ou vivem em cidades e casas semelhantes: há imensa variedade. Tampouco se pode contrapor brasileiros ("os que comem feijoada") a outros povos, como os argentinos ("os que comem carne"), pois isso seria uma tremenda simplificação.

O processualismo foi criticado por considerar que os homens agem, em qualquer tempo e lugar, da mesma maneira. Em particular, observou-se que essa visão "universal" do homem, que seria igual em toda a parte, era derivada do imperialismo, pois a dominação dos povos induziu os estudiosos a considerar, por exemplo, que vietnamitas e norte-americanos teriam os mesmos interesses e visões de mundo (o que os norte-americanos logo descobriram ser uma ilusão).

A nova proposta, a arqueologia pós-processual, por sua parte, inseriu a disciplina na sociedade, ao preocupar-se com os interesses e inserções sociais da arqueologia e dos arqueólogos, no passado e no presente. Por isso, foi chamada, também, de contextual, preocupada com o contexto histórico e social da produção de conhecimento, com a subjetividade e comprometimento do arqueólogo com os grupos sociais. Daí surgiram, por exemplo, a arqueologia feminista, ligada ao movimento feminista, a arqueologia da etnicidade, preocupada com os movimentos de afirmação étnica e racial. Os principais resultados da arqueologia pós-processual foram os seguintes avanços, segundo o arqueólogo britânico Ian Hodder:

• A cultura material possui um papel ativo nas relações sociais e não pode ser encarada como simples reflexo da organização social;

- O indivíduo precisa fazer parte das teorias da mudança social e da cultura material;
- A arqueologia possui os laços explicativos mais consistentes com a história.

Foi nesse contexto que surgiu o *World Archaeological Congress* (Congresso Mundial de Arqueologia), em 1986, congregando arqueólogos e outros estudiosos, assim como representantes de movimentos sociais, preocupados com a vinculação da arqueologia com interesses de grupos sociais, em particular os indígenas, mas também as mulheres e os homossexuais. O próprio nome da disciplina, que havia sido sempre entendido como "o conhecimento do antigo", passou a ser considerado também como "o conhecimento do poder", tomando o outro sentido da palavra grega *arque*, "poder". A partir da década de 1990, esse comprometimento político da arqueologia levou a um crescente dinamismo da chamada arqueologia pública (*public archaeology*), entendida como toda a pletora de implicações públicas da disciplina, do cuidado pelo patrimônio à defesa dos direitos humanos.

A partir do final da década de 1990, há um crescente pluralismo interpretativo na arqueologia. Os modelos fundados no histórico-culturalismo continuam muito difundidos, tanto por serem os que mais cedo surgiram e terem continuado a desenvolver-se, como por responderem a inquietações históricas concretas, como é o caso da busca das origens pré-históricas de povos como os tupis ou os guaranis. Partindo da década de 1960, uma vertente histórico-cultural importante em certos países latino-americanos foi a arqueologia social latino-americana, teoria que se aplicou bem à reconstrução das grandes civilizações pré-colombianas, como a maia, inca e asteca, que estariam na base das modernas nacionalidades de países com forte presença indígena, como o México e o Peru.

O processualismo, por sua parte, continua importante, em particular por fornecer esquemas interpretativos aplicáveis a qualquer contexto histórico. Assim, os estudos da captação de recursos e dos padrões de assentamento têm se beneficiado das ferramentas interpretativas da *New Archaeology*, sendo seus métodos mais usados em certos países, como na Europa Oriental ou na Argentina, ou em determinadas instituições de pesquisa.

A arqueologia contextual, em suas mais variadas manifestações, tornou-se conhecida em toda parte e assumiu a vanguarda em países como a Inglaterra e em diversas instituições pelo mundo afora, primeiramente no mundo anglo-saxão, mas também alhures.

Pode concluir-se que a convivência de teorias diferentes e, às vezes, contraditórias, na arqueologia, constitui uma salutar característica da disciplina na atualidade.

CAPÍTULO 3
COMO ATUA O ARQUEÓLOGO

O arqueólogo trabalha diretamente com a cultura material. Essa diferença essencial da arqueologia em relação a outras ciências humanas, que possuem uma prática de ação sobre a esfera ideológica, acarreta uma postura diversa do arqueólogo perante seu próprio objeto de estudo. Esse não é uma representação ideológica das relações sociais, como é o documento escrito para a história, o relato etnográfico para a antropologia, a pesquisa de opinião para a sociologia, o discurso para a linguística. Utilizando-se da paradoxal expressão do filósofo e político italiano Antonio Gramsci, o arqueólogo estuda "a sociedade das coisas" (*societas rerum*). Daí decorre que a prática do seu estudo envolve esforço físico – suor mesmo – da sua parte, que o aproxima da própria esfera material que ele analisa. Em outras palavras, o arqueólogo "põe a mão na massa".

Os próprios obstáculos materiais, interpostos entre o pesquisador e seu objeto são um aspecto do próprio objeto e, portanto, igualmente meios de informação. A distância entre a ocupação de um sítio arqueológico por algum povo, a dificuldade mesma de se encontrar vestígios de uma ocupação, a consistência ("dureza da terra") de um determinado estrato arqueológico, o tamanho dos artefatos encontrados, seu peso, espessura, textura, capacidade, facilidade no transporte (pela presença de alças e pés, por exemplo) são todos dados importantes a serem registrados e explicados ao público.

O esforço de pesquisa reintegra o arqueólogo no mundo material, aproxima-o da dureza da vida de trabalho das pessoas que habitaram aquele local e se reflete na formação do registro arqueológico. A dificuldade de realização do trabalho agrícola antigo pode ser percebida nos restos de canalização artificial da água, assim como a dificuldade do trabalho industrial do operário está presente nos vestígios de uma fábrica da época da Revolução Industrial. Além disso, o contato do arqueólogo com o universo físico que estuda dá-se não apenas no momento da escavação e do resgate de objetos (muitas vezes em regiões inóspitas, sujeitas aos caprichos do clima), mas também no processamento do material, seja no laboratório, seja no trabalho de gabinete.

Assim, a atividade arqueológica envolve um dispêndio de energias – que por vezes desanima os voluntários oriundos das outras ciências sociais acostumados com a aparente imediaticidade e facilidade de acesso de suas fontes de informação e à leitura de documentos escritos que se referem às ideias das pessoas. Esse desânimo não é fortuito, é o sinal de uma certa acomodação.

Em certo sentido pode-se dizer que esse desânimo revela uma concepção de cultura, restrita à esfera ideológica, que se aproxima da visão aristocrática predominante nos pensadores antigos. Para o orador romano Cícero, por exemplo, "a cultura da razão", o desenvolvimento das capacidades mentais, o trabalho intelectual, é uma inclinação natural do homem livre, à diferença dos escravos e das classes baixas, cujo destino é o trabalho, "a cultura dos solos". No entanto, como já foi dito, não há oposição entre cultura material e imaterial; ambas são produtos do trabalho humano socialmente determinado, duas faces de uma mesma moeda: a cultura. O esforço do arqueólogo traz consigo, além do suor, a possibilidade de apoderar-se da história real "indo em busca do cansaço e da exploração".

AS ETAPAS CONCRETAS DO TRABALHO ARQUEOLÓGICO

Pode-se dividir em quatro fases o trabalho do arqueólogo: (1) etapa de campo; (2) processamento em laboratório; (3) estudo; e (4) publicação. Na verdade, antes de ir a campo para a realização da prospecção inicial, o arqueólogo já tem em mente certos objetivos. Esses podem se resumir à obtenção de novos artefatos de uma cultura extinta que se supõe ter habitado aquela região. Ou podem envolver preocupações, não apenas com a recuperação de restos materiais, como também com a reconstituição do funcionamento e das transformações de uma determinada comunidade.

Após uma prospecção inicial da região (de superfície, aérea etc.), escolhe-se um local, sítio, a ser escavado, de acordo com os objetivos propostos. A escavação envolve, em geral, o trabalho com estratos do solo, estruturas (muros, construções etc.) e artefatos móveis; tudo o que é encontrado é registrado e descrito nas fichas de campo. Depois é feita uma seleção do material a ser transportado do local para o laboratório, sendo o restante geralmente descartado. As ruínas, como restos de muros, permanecem, no geral, no próprio lugar. Os objetos selecionados devem ser colocados em sacos identificados por estratos (ou seja, classificados de acordo com o nível da terra onde foram localizados originalmente) para que possa ser feita, após a lavagem de cada peça, uma numeração individual segundo sua origem. Faz-se um cadastramento do material, utilizando-se

O trabalho de campo envolve esforço físico e muito suor. Em outras palavras, o arqueólogo "põe a mão na massa".

de ficha padronizadas nas quais se escrevem os dados contextuais (estrato, posição em relação às outras peças), físicos (cor, dimensões etc.) e bibliográficos (referência a tipologias, por exemplo).

O estudo do material implica, em geral, a comparação dos registros do sítio escavado com os registros provenientes de outros sítios da mesma região ou cultura. Além disso, o estudo pode envolver a utilização de técnicas específicas de análise, em particular visando à delimitação de áreas de atividade (locais em que o grupo ou povo estudado preparava seus alimentos, construía seus abrigos, lixos etc.). O estudo do material pode, ainda, incluir uma série de procedimentos analíticos, dependendo dos objetivo propostos e das técnicas utilizadas (como por exemplo datação e identificação da composição). A última etapa consiste na publicação, que deve conter um catálogo de artefatos, plantas e cortes estratigráficos, assim como uma descrição geral da escavação. Dependendo dos objetivos, o relato de escavação de um sítio pode ser condensado em algumas páginas, sendo esse o caso mais comum, e publicado em um periódico, em geral em revistas da própria instituição patrocinadora da escavação. Este é o caso, por exemplo, da *Revista do Museu de Arqueologia e Etnologia da Universidade de São Paulo*.

Quando, além do relato de escavação, se decide publicar um estudo detalhado do sítio escavado, costuma-se editar os resultados em volumes isolados, em geral encarregando-se o diretor da escavação de organizar a obra, cabendo aos especialistas a redação de cada capítulo. Esse caso é muito comum em escavações cujos objetivos transcendem a mera coleta de material inédito, centrando-se na reconstrução de um sistema social. A escavação de uma única fazenda romana, por exemplo, que envolveu vários pesquisadores, tendo em vista a reconstrução do seu funcionamento e das suas transformações no decorrer do tempo, levou à publicação do seu relato em três volumes. Isso demonstra, uma vez mais, que os objetivos da pesquisa se encontram na base do trabalho arqueológico, desde a escolha do seu objeto de estudo, passando pela execução de um projeto, até a publicação dos resultados do estudo efetuado.

A CLASSIFICAÇÃO TIPOLÓGICA EM AÇÃO

A arqueologia utiliza a classificação dos artefatos por meio de tipologias. Tipologia é a ordenação de um conjunto de artefatos com base na confrontação sistemática dos seus atributos intrínsecos, como matéria-prima e forma, e extrínsecos, como o contexto arqueológico em que foi achado. Em outras palavras, a tipologia classifica os artefatos por semelhanças e diferenças com relação a outros e serve para auxiliar o arqueólogo na obtenção de informações baseando-se na análise da distribuição dos artefatos nos diversos lugares e de suas mudanças com o decorrer do tempo.

A tipologia pode, por exemplo, fundamentar-se em critérios funcionais (classificar os artefatos de acordo com o seu uso: para beber, para comer, para armazenar etc.), ou em critérios morfológicos (classificar pelo tipo de forma externa) ou ainda na composição material (análise da matéria-prima de que são feitos). Um mesmo conjunto de objetos pode ser agrupado de diversas maneiras, pois a escolha da tipologia varia dependendo dos objetivos dos pesquisadores.

Um conjunto de objetos de cozinha, por exemplo, permite uma multiplicidade de tipologias derivadas de apenas três variáveis – função, forma e matéria-prima – e aplicadas a somente seis categorias de objetos: pratos, panelas, copos, jarras, canecas de cerveja e xícaras. Segundo o critério funcional, teríamos quatro tipos: artefatos destinados (1) ao preparo de alimentos (panelas); (2) ao consumo de líquidos (copos, xícaras, canecas de cerveja); (3) ao armazenamento de líquidos (jarras) e (4) ao consumo de comida (pratos).

Em termos morfológicos, poderíamos dividir essas categorias em duas formas básicas: (1) abertas (pratos, panelas, copos, canecas de cerveja, xícaras) e (2) com gargalo (jarras), ou poderíamos diferenciar (1) os objetos com alças/cabo (panelas, xícaras, canecas de cerveja, jarras) e (2) aqueles que não as têm (copos, pratos), ou ainda adotar inúmeros outros critérios. Por fim, uma classificação baseada na matéria-prima oporia os objetos: (1) de metal (panelas, canecas de cerveja); (2) de cerâmica (pratos, xícaras) e (3) de vidro (copos, jarras).

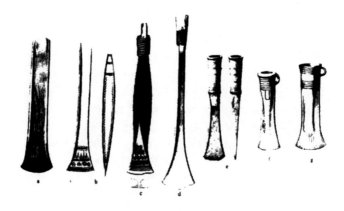

Aplicação do método tipológico em lanças, da Pré-História à Idade do Ferro. As mudanças de formato e no uso de materiais, no decorrer do tempo, ajudam a revelar transformações na vida social de seus usuários. (Fonte: Guidi, 1994.)

Esse exemplo, limitado quanto aos critérios de classificação e às categorias de artefato, permite perceber, com clareza, os mecanismos classificatórios e sua concomitância.

A tipologia em arqueologia é essencial para verificar constâncias ou recorrências não casuais que permitem ao arqueólogo reconstruir a mudança dos artefatos com o decorrer do tempo, as transformações nos padrões de consumo, as diferentes ocupações do espaço etc. Utilizando-se sucessivas tipologias e com o concurso de outros procedimentos analíticos chega-se a formular, portanto, explicações do tempo. Assim, a tipologia, como ficou claro, não é um fim em si mesmo, mas um meio para compreender a sociedade e suas transformações.

Por exemplo, um estudo tipológico de lápides funerárias pode ajudar-nos a compreender a sociedade que construiu e usou determinado cemitério. As diferenças de classe e de *status* assim como as transformações sociais no decorrer do tempo podem ser detectadas com base na tipologia das lápides: nos cemitérios de meados a século XIX em diante, as tumbas e sua exuberância refletiam as diferenças monetárias e de prestígio das famílias dos falecidos, havendo mesmo uma disputa entre as famílias aristocráticas pela construção dos túmulos mais vistosos. A introdução dos cemitérios do tipo "jardim", sem lápides funerárias imensas ou construções muito visíveis, provocou uma grande mudança, pois a partir de então já não se podia inferir a importância social da família por seu jazigo. Essa medida beneficiou as famílias de classe média e baixas já que a morte não mais perpetuava as hierarquias na forma de diferenças tumulares. Contudo, as antigas aristocracias procuraram manter seu destaque, continuando a enterrar seus mortos nos antigos cemitérios com lápides do estilo mais tradicional.

CAPÍTULO 4

FORMAS DE PESQUISA

A arqueologia não é, do meu ponto de vista, uma simples técnica no sentido empirista da palavra ("habilidade com respeito a coisas mecânicas"). Desde a década de 1970, a escavação não constitui mais o principal meio de estudo arqueológico do passado, como lembra o arqueólogo britânico Clive Gamble, e a pesquisa não se restringe à escavação, mas permanece o fato de que a escavação e suas técnicas possuem uma importância crucial tanto na *práxis* como na reflexão metodológica e teórica da arqueologia. Essa importância deriva não apenas do fato de a escavação ocupar uma parte considerável do tempo, das verbas e do esforço dos arqueólogos, como, principalmente, por tratar-se da principal forma de produção de nova documentação arqueológica.

As técnicas de escavação arqueológica, entretanto, não são universalmente válidas, possuindo características diversas em épocas e ambientes culturais diferentes. O estudo de suas transformações permite discutir algumas questões centrais.

As técnicas não são culturalmente neutras; ao contrário, o uso dessa ou daquela técnica insere-se num conjunto de questões metodológicas que derivam do ponto de vista teórico e das escolhas políticas do arqueólogo. Histórico-culturais, processualistas e contextuais terão metodologias e, portanto, técnicas diversas, assim como seu engajamento político será diverso. Uma arqueologia feminista será muito diferente de uma arqueologia preocupada em encontrar "os arianos", para ficar num exemplo extremo. Uma procura auxiliar na emancipação das mulheres, a outra, demonstrar a superioridade biológica de um grupo, os "arianos" (dos quais descenderiam os "alemães de raça pura", como acreditavam os nazistas no tempo de Hitler).

As técnicas de escavação diferem entre si e possuem sua especificidade tendo por meta a satisfação de objetivos diversos. Nesse sentido, há sempre uma adequação entre as técnicas utilizadas e os objetivos em vista.

Por fim, e como consequência dos dois pontos anteriormente citados, não se pode simplesmente avaliar qual das técnicas de escavação é mais adequada, evoluída ou aperfeiçoada sem considerar a diversidade de objetivos implícitos em cada técnica específica. Isto significa que não basta condenar certas práticas de escavação como predatórias – pense-se em primeiro lugar na atuação dos arqueólogos amadores – ou propugnar a utilização de métodos modernos ou, o que é mais mistificador, "corretos" de escavação. O importante é deixar claros quais nossos pontos de vista e quem se beneficia com nossas pesquisas arqueológicas. Por exemplo, uma arqueologia feminista não está "correta" ou "incorreta", ela busca emancipar as mulheres por meio de uma pesquisa que ressalte o valor da mulher e isso deve estar explícito.

Podem-se dividir os procedimentos de escavação arqueológica, segundo seus objetivos gerais, em dois amplos campos: (1) o desenterramento, que visa apenas a recuperação de estruturas arquitetônicas e de artefatos, sem se preocupar com sua situação espacial no sítio arqueológico e (2) a escavação estratigráfica, conceito já aludido anteriormente, voltada para uma reconstrução da história detalhada do sítio arqueológico escavado. Essa diferença nem sempre é clara, mas, no geral, ela nos permite entender como trabalha e trabalhou no passado o arqueólogo.

O DESENTERRAMENTO EM ARQUEOLOGIA

Nessa perspectiva, dois são os objetivos imediatos da escavação: (1) livrar da terra grandes estruturas fixas, como muros, colunas, pavimentos e assim por diante; (2) recuperar, na medida do possível, integralmente, objetos preciosos.

Trata-se, na verdade, da simples retirada do que está por cima das estruturas soterradas, reservando-se o termo escavação, propriamente, para a observação detalhada do que é tirado do depósito arqueológico. O desenterramento, prática iniciada no século XIX e corrente até meados do século XX, concentrou-se nas regiões que possuíam grandes monumentos históricos, tais como o Oriente Médio, o Mediterrâneo e a América Espanhola.

Em termos organizacionais, o desenterramento caracteriza-se pela atuação de, ao menos, dois elementos: (1) o arqueólogo, responsável pela direção da "escavação" e (2) uma mão de obra, em geral assalariada, encarregada do trabalho braçal. A responsabilidade do arqueólogo como diretor de escavação pode, eventualmente, ser delegada a alguém que possa estar presente com mais frequência nos trabalhos de campo, já que o arqueólogo não vive, obrigatoriamente, na região a ser escavada. Nesse caso, professores primários, padres, enfermeiros, guardas podem assumir as funções do diretor de escavação. Já a mão de obra pode ser constituída de camponeses liberados das tarefas agrícolas (caso comum no Oriente Médio), operários alistados no auxílio-desemprego (caso das democracias com *Welfare State*), militares (caso das forças expedicionárias coloniais). Há casos extremos, como o desenterramento efetuado em Volterra (Itália), em 1928, graças aos esforços dos internos de um manicômio. O relato de D. Levi a esse respeito merece, por seu caráter patético, ser transcrito no essencial:

> Graças ao acordo entre o inspetor real honorário, o advogado Ezio Solaini, e o diretor do manicômio de S. Jerônimo em Volterra, prof. Luigi Scabia, quem forneceu a mão de obra necessária com uma equipe de doentes do manicômio [...] tomou conta da equipe de operários, na maior parte do tempo, o enfermeiro-chefe (*Notizie degli Scavi*, 1928. pp. 35-6).

As práticas de desenterramento predominaram, quase sem contraste, em vastas áreas, até a década de 1960. Sua utilização nas últimas décadas vem declinando, ainda que continue sendo praticada, largamente, em sítios dotados de monumentos de excepcional valor turístico, já que preenche um requisito básico: a rápida liberação, para o público, dos monumentos desenterrados. As estratégias técnicas básicas de desenterramento são as trincheiras e as sondagens.

Escavação e desenterramento segundo imagem do século XIX.
(Fonte: Gentleman's Magazine, 1852)

As trincheiras são escavações estreitas e longas, como de um metro de largura por dez de comprimento, e se destinam a descobrir a orientação geral das estruturas fixas a serem desenterradas, facilitando, devido à simetria das plantas, a suposição da localização dos muros e principais estruturas. Por simetria, nos edifícios os aposentos são de tamanho proporcional e seguem uma mesma orientação (podendo ser norte/sul ou leste/oeste), o que facilita reconstruir todo o edifício, tendo por base parte dele. Em caso de desenterramento limitado, podem-se localizar os lugares mais interessantes (tesouros, depósitos) a serem escavados.

As sondagens, por sua vez, são escavações menores, como um quadrado de um metro por um metro, e permitem saber a profundidade do sítio e, em caso de sucessivos pavimentos sobrepostos, escolher aquele que, por sua densidade ou pelo interesse na atualidade, deve ser atingido pelo desenterramento.

O desenterramento utiliza, basicamente, duas ferramentas, a pá e a picareta (instrumentos tão marcantes deste tipo de arqueologia que o arqueólogo italiano G. Calza intitulou seu manual de escavação justamente *A Arqueologia da pá e da picareta*, 1926). O material – incluindo-se aí muros e outras construções – que se encontra acima do nível escolhido para o desenterramento é, literalmente, posto abaixo e jogado fora. Esse foi o destino das construções medievais na Itália ou bizantinas e romanas na Grécia, para citar apenas alguns exemplos mais conhecidos. Tudo isso foi destruído para que se chegasse aos vestígios da Grécia Clássica (século V a. C.), época de ouro, segundo os escavadores que lá atuavam. Ora, ao privilegiarem esse período, destruíram-se restos históricos também valiosos.

Os aprimoramentos técnicos restringem-se à velocidade de desenterramento – com a utilização de explosivos e meios mecânicos de esburacamento do solo –, à preservação e reconstrução (*anastilose*) de estruturas fixas e à restauração de objetos preciosos. Na prática, nem sempre se chega a atingir esses objetivos básicos, como lamentava o arqueólogo italiano G. Cultrera, referindo-se ao desenterramento de navios romanos em Nemi (Itália), realizado na década de 1930 sob os auspícios do Estado fascista, interessado em provar rapidamente sua teoria de que os italianos do século XX eram descendentes diretos dos poderosos romanos do passado:

> Era o meu desejo que o antigo navio romano fosse tratado como se tratam todos os objetos antigos e preciosos que se conservam nos museus: com a máxima delicadeza. O ritmo acelerado, contudo, que se impôs na conduta dos trabalhos, obrigou-me a deixar de lado estas e outras semelhantes sutilezas (*Notizie degli Scavi*, 1932. p. 210).

A arqueologia do desenterramento apresenta-se como uma prática de campo, direta e imediatamente ligada à satisfação das necessidades econômicas e ideológicas de determinados grupos sociais. Em termos econômicos, o emprego de mão de obra assalariada nos desenterramentos e a liberação, para o turismo de massa, dos monumentos e objetos artísticos justificam a classificação dessa arqueologia como uma parte da engrenagem burocrática dos Estados. O "turismo arqueológico" é responsável, em casos excepcionais como a Itália, Grécia e países do Oriente Médio, por uma parcela considerável da receita estatal.

As ruínas e as obras-primas do passado constituem-se, paralelamente, em importantes elementos ideológicos na manutenção das estruturas de poder, legitimando regimes políticos dos mais variados matizes. Um caso especialmente claro refere-se aos desenterramentos praticados em Roma durante o fascismo, transformando ideologicamente a capital do país não apenas no centro da civilização italiana como de todo o Ocidente cristão herdeiro do Império Romano, ressurgido por obra do *Duce* e de seu programa político.

O regime fascista italiano surgiu no início da década de 1920, diretamente inspirado no mundo romano, a tal ponto que seu nome deriva de *fascio* (feixe), o símbolo usado pelos magistrados romanos para demonstrar seu poder e autoridade. Mussolini passou a ser chamado de *Duce*, palavra que foi, também, retirada do latim *dux* (líder). O antigo domínio romano sobre largas áreas do mundo serviu de inspiração para a expansão imperialista fascista na África (Etiópia).

Tudo isso levou o regime fascista a usar, de forma programática e muito ampla, a arqueologia da Roma Antiga como instrumento importante de propaganda do fascismo. As apologias exaltadas até mesmo por Le Corbusier, gênio da nova arquitetura europeia, à Roma de Mussolini permitem sentir a profundidade do alcance ideológico dos desenterramentos que, embora apressados, atingiram por algum tempo seus objetivos essenciais.

A ESCAVAÇÃO ESTRATIGRÁFICA E A MICRO-HISTÓRIA

Desde fins do século XIX tem havido a preocupação, por parte de alguns arqueólogos, em entender a história do sítio escavado observando a disposição vertical e horizontal dos estratos que compõem o depósito arqueológico. Nos sítios pré-históricos, muitas vezes, não há vestígios arquitetônicos e, por analogia com a geologia, buscou-se a diferenciação de estratos arqueológicos à maneira geológica, baseada em três leis gerais.

A primeira lei, de superposição, estabelece que, quando da formação dos estratos, os superiores são mais recentes que seus inferiores; a segunda, de horizontalidade originária, pressupõe que os estratos formados sob pressão da água possuam superfície horizontal; a terceira, de continuidade originária, estabelece que, originalmente, todo depósito forma uma unidade integral sem margens expostas e que estas são, portanto, o resultado da erosão ou do deslocamento do depósito.

A estratificação marcada pela ação do homem, denominada antrópica, embora apresente uma semelhança aparente com a geológica, difere, radicalmente, daquela por se tratar do resultado de ações humanas variáveis culturalmente. O homem cava buracos, estabelece fundações para suas construções, escava poços, enterra seus mortos e outros objetos. Tudo isso faz com que o subsolo de uma área ocupada pelo homem seja um verdadeiro registro de tudo o que ali foi feito.

Cada grupo humano, por sua parte, possui seus costumes e sua maneira de viver, resultando em diferentes registros arqueológicos. Uns enterram seus mortos, outros não. Dos que enterram, conforme costumes próprios a cada povo, podem ser utilizadas urnas de cerâmica, sarcófagos, caixões ou simples mortalhas. Assim, o registro arqueológico de diferentes grupos tem características diversas, conforme o local e a época de realização. Cada cultura desenvolveu modos particulares de escavação para responder a diversas exigências, desde o enterramento dos mortos até a construção de centros e cidades.

Os arqueólogos preocupados em datar o que encontravam em suas escavações procuraram resolver essa questão fazendo uma analogia com a estratificação geológica já que a geologia também estava às voltas com a datação de um estrato em relação com o outro (o que chamamos de datação relativa, para saber qual é mais antigo). De fato, desde as últimas décadas do século XIX formulou-se a hipótese de que os objetos encontrados num estrato superposto a outro fossem mais recentes e vice-versa. Acreditando nessa hipótese, o pioneiro arqueólogo britânico, Sir Flinders Petrie, recordava-se em 1931, em seu livro *Setenta anos de arqueologia*, do início da sua carreira, nos seguintes termos:

> Ficava horrorizado ao ouvir sobre a grosseira retirada, com a pá, dos vestígios e protestava dizendo que a terra deveria ser retirada polegada a polegada para ver tudo que continha e como estava depositado.

Com base nessa preocupação com a deposição arqueológica, Petrie pôde, nas escavações estratigráficas por ele realizadas, formular os princípios básicos da datação relativa dos artefatos escavados. A atenção para com a estratificação arqueológica não se limitou aos estudiosos voltados para a Pré-História. Os arqueólogos pesquisadores das chamadas "grandes civilizações" interessaram-se não apenas pela datação relativa dos artefatos como também pelo estabelecimento de níveis ou fases de ocupação de cada terreno. Os estratos, agrupados em uma fase, eram considerados como pertencentes a um determinado povo dominador que conquistou a região, subjugando a população local e implantando uma nova cultura. Estas preocupações levaram à escavação sistemática de centros urbanos, ocupados ininterruptamente por milênios, tanto no Novo Mundo (na região dos astecas, maias, incas) como no Mediterrâneo e Oriente Próximo.

A sucessão de raças, derivada do poderio bélico dos povos invasores, explicava para esses pesquisadores, a um só tempo, os estratos arqueológicos das grandes civilizações e a presente imposição dos valores culturais e materiais das metrópoles – das quais os arqueólogos, não raras vezes, eram oficiais militares – aos descendentes dos antigos povos gloriosos. Ingleses, franceses e alemães julgavam que sua conquista militar – representantes que se consideravam de uma civilização superior – nada mais era do que uma continuidade das antigas conquistas de assírios e romanos, para mencionar apenas dois grandes povos conquistadores. As destruições dos novos invasores davam continuidade a uma tradição de desenvolvimento baseado na dominação resultante da força militar e as novas construções coloniais apenas continuavam um padrão multimilenar de formação do depósito arqueológico baseado na derrubada, literal e figuradamente, das estruturas das sociedades subjugadas.

Embora sejam estes os motivos últimos para o surgimento e o avanço da preocupação com a estratigrafia arqueológica, suas consequências para o estudo do passado não se restringiram a isso. Nesse sentido deve ser ressaltada a amplitude de visão do general do exército britânico A. H. L. F. Pitt Rivers, pioneiro nas escavações arqueológicas, que já em 1887 mostrava preocupação em justificar as estratégias de atuação do arqueólogo em campo:

Escavadores, em geral, registram apenas aquilo que lhes parece importante no momento, mas novos problemas arqueológicos e antropológicos estão surgindo sempre e dificilmente os antropólogos deixam de perceber [...] que, voltando-se para os antigos relatos em busca de evidências, os pontos mais importantes foram deixados de lado porque eram considerados desinteressantes àquela época.

As técnicas de escavação transformaram-se com o decorrer do tempo, tendo em vista os diferentes objetivos a que se punham os arqueólogos. Podem delimitar-se três grandes fases caracterizadas por preocupações e ênfases científicas diversas: (1) predomínio da preocupação com a superposição de níveis de ocupação e com a datação relativa dos artefatos; (2) estudo e registro dos estratos; (3) escavação de amplas superfícies, preocupada com o estudo do funcionamento da sociedade que ali viveu.

As escavações no início do século XX

Durante a primeira fase, as técnicas de escavação arqueológica pouco se distanciavam das utilizadas nos desenterramentos. Para descobrir fundações de edifícios (chamadas de estruturas pelos arqueólogos), usavam-se escavações de uma área pequena (sondagem) ou trincheiras, logo acrescidas das escavações por quadrantes, estratégia idealizada pelo holandês A. E. van Giffen ainda na década de 1910. Segundo sua estratégia, o sítio arqueológico era dividido em partes escavadas, em seguida, alternadamente, o que permitia a obtenção de perfis ou seções do solo mediante a estratificação do sítio.

Em termos gerais, no entanto, a descrição dos estratos era sumária, voltando-se a atenção para o registro da profundidade em que eram achados os artefatos. Nem sempre se estabelecia uma relação entre artefatos e estratos, esclarecendo de qual estrato provinha cada objeto. Utilizava-se, muitas vezes, a divisão arbitrária do solo escavado em níveis predeterminados, em geral, de dez centímetros. Foi chamado de "estratigrafia artificial", termo em si errado, pois o que se delimita não são estratos que representem algum período histórico, mas segmentos estabelecidos arbitrariamente pelo escavador.

Esse método está superado em termos teóricos, pois além de não explicar nada, ainda dificulta a interpretação da história do sítio. Mas continua a ser usado, mesmo nos Estados Unidos, pela facilidade com que pode ser empregado, o que levou o conceituado arqueólogo norte-americano Lewis Binford a ironizar dizendo que ainda existe o "legítimo escavador de campo (*hard digging field man*), que discute o teor alcoólico da pinga nos diversos bares do México ou de Dakota do Sul", pouco preocupado com a seriedade de sua própria pesquisa.

As escavações, ainda que preocupadas com a estratificação do solo, apresentavam semelhanças organizacionais com os desenterramentos praticados à mesma época. Assim, o manual de um dos expoentes das escavações à moda antiga, Sir Leonard Woolley, intitulado *Digging up the Past* e publicado originalmente em 1930, retratava aquela "faraônica tradição da arqueologia colonial, que via um *staff* de cinco pessoas guiar até trezentos desenterradores".

Estratigrafia vertical

O uso da estratigrafia vertical foi uma importante inovação na arqueologia. A estratigrafia vertical consistiu na identificação da sucessão histórica de estratos de solo. Veremos, a seguir, como isso ocorreu.

A década de 1930 marcaria a introdução da escavação arqueológica por quadrículas e testemunhos, bem como a numeração dos estratos e a atribuição dos artefatos aos diversos estratos. A preocupação com a estratificação arqueológica relacionava-se, na época da introdução das quadrículas, diretamente com o novo papel que a arqueologia assumia, ou passava a poder assumir, como parte do desenvolvimento do capitalismo, como testemunho do "progresso" da humanidade.

A estratigrafia, com sua ênfase na sucessão de povos conquistadores, correspondia muito bem ao avanço das potências dessa época. Não é à toa, portanto, que um dos pioneiros do estudo estratigráfico, Sir Mortimer Wheeler, respondia em 1954 à questão "o que escavamos e por quê?" com o trecho de um discurso do líder conservador inglês Winston Churchill, segundo o qual "nenhuma quantidade de conhecimento técnico pode substituir a compreensão das humanidades ou o estudo da história e da filosofia".

A arqueologia passava a ser uma "disciplina recuperadora de fatos". A estratificação representava, no nível do sítio arqueológico, a história, ou melhor, o avanço diacrônico da humanidade. Tal concepção implicava uma avaliação do passado que procurava não tanto saber o que aconteceu, como aquilo que aconteceu e perpetuou-se como importante. Um caco de cerâmica foi produzido, mas nem por isso seria importante. Já uma lápide de Sargão, rei da Mesopotâmia sim, seria importante. Assim, nem tudo mereceria a atenção do arqueólogo, o importante seria o grandioso, "os grandes feitos da civilização".

As principais introduções técnicas desse período, derivadas da preocupação com a estratigrafia vertical, referem-se à utilização das quadrículas e dos testemunhos estratigráficos. As quadrículas são o resultado da divisão de uma área a ser escavada em quadrados, como se aplicássemos um papel quadriculado a uma superfície:

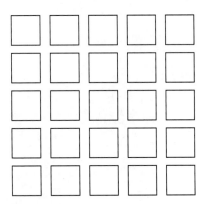

Seis são as características essenciais do método de escavação por quadrículas: (1) delimitação no terreno da área a ser escavada por quadrículas; (2) preservação, entre as quadrículas, de testemunhos (áreas não escavadas), que constituem paredes que se cruzam, resultando numa configuração semelhante a um tabuleiro de xadrez; (3) desenho do corte estratigráfico baseado nas quatro paredes preservadas em cada quadrícula; (4) numeração dos estratos no corte da parede; (5) atribuição dos artefatos aos estratos numerados pelas paredes; (6) preservação ou escavação das áreas deixadas, originalmente, sem escavar, como testemunhos estratigráficos.

A "passagem do caos para a disciplina", eis como Mortimer Wheeler se referia à diferença entre as antigas escavações, feitas por grupos numerosos de operários pagos por peça arqueológica encontrada, e a utilização das quadrículas. Esse último método, à semelhança da então recém-introduzida linha de montagem industrial, representava, em termos de organização, um novo conceito. De fato, na escavação, preocupada apenas com níveis de ocupação, estabelecia-se a supremacia absoluta do arqueólogo que mandava – estrangeiro, civilizado, herdeiro das grandes culturas escavadas –

Comparação entre as antigas escavações e as atuais, organizadas na forma de quadrículas: "do caos à disciplina". (Fonte: Wheeler, 1954)

sobre os autóctones, nativos bárbaros que deviam ser mantidos sob constante vigilância.

"A melhor maneira de assegurar a honestidade dos seus operários é não os deixar sozinhos um só minuto" advertia o *Manual de pesquisas pré-históricas*, publicado pela Sociedade Pré-Histórica Francesa, em 1929. Essas recomendações devem ser entendidas em sua época e lugar. Eram arqueólogos franceses, britânicos, alemães e norte-americanos que escavavam em suas colônias ou em áreas sob seu controle. Um arqueólogo britânico na Índia, assim como um francês na Argélia, considerava os nativos como serviçais incultos.

Na escavação por quadrículas, ao contrário, o número de operários por arqueólogo é bem menor, reservando-se em geral uma quadrícula para cada arqueólogo. O operário assume o papel de auxiliar braçal do arqueólogo. Agora a relação se passa entre o arqueólogo, que age racionalmente, trazendo consigo a ordem e o progresso, e o ajudante de campo que, ainda que de forma subordinada, pode dar sua contribuição. Assim como na indústria capitalista fora introduzida a linha de montagem, na arqueologia a escavação por quadrículas representava a introdução da limpeza, ordem e hierarquia.

A mudança de perspectiva pode ser constatada comparando-se os programas radiofônicos de arqueologia, sempre de grande audiência, da BBC de Londres, dirigidos na década de 1930 por um arqueólogo da velha guarda, Sir Leonard Woolley e aqueles realizados por Sir Mortimer Wheeler nos anos 40 e 50. Woolley referia-se à arqueologia como uma descoberta de fases de grandes civilizações, antepassados heroicos da cultura ocidental, retratando os indígenas como bárbaros. Em uma de suas transmissões, recolhida no livro *Digging up the Past*, Woolley advertia que

> o roubo, por parte de alguns nativos, significa uma perda para os outros, assim a suspeita mútua (e um guarda garante que não tenham formado uma gangue para roubarem juntos) assegura que não percamos peça alguma.

Nas emissões de Wheeler, o operário já não é mais um bárbaro, ladrão, inimigo. Adquire um papel subordinado, enquanto realizador do trabalho manual, plenamente racional, assumindo o arqueólogo o comando da operação. Permanece uma rígida hierarquia no trabalho de campo, cuja semelhança com a organização da administração colonial não é fortuita.

Por outro lado, a organização é muito maior: o diretor de escavação conta sob seu comando com um vice-diretor, supervisores de sítio, capatazes, registradores de pequenos achados, assistente para a cerâmica, inspetor, químicos de campo, desenhistas, trabalhadores. Se o diretor é uma espécie de administrador colonial, os operários devem ser minimamente especializados – de maneira alguma podem ser voluntários –, treinados e dotados de um conhecimento técnico específico. Segundo Wheeler, "todas as raças devem ser aceitas para o trabalho braçal", adverte, porém, que, como ocorre com todos os operários, o único desejo dessa mão de obra é a hora de saída do trabalho.

Os métodos introduzidos por Wheeler, a despeito dessa postura colonialista, foram importantes por permitir um conhecimento muito mais detalhado da história do sítio arqueológico, o que representou um significativo avanço em relação às técnicas anteriores. Nas últimas décadas, na sequência dos aprimoramentos iniciados por Wheeler, os arqueólogos têm usado um sistema de notação de estratos, conhecido como matriz de Harris, que consiste em numerar, da superfície para baixo, a ordem de deposição dos estratos, um procedimento de campo muito útil.

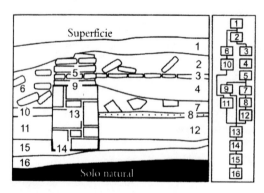

Exemplo do uso da matriz de Harris, que facilita a identificação e localização dos diversos estratos de uma escavação. (Fonte: Gamble, 2001)

Escavação de unidades sociológicas: em vez de profundidade, amplas superfícies escavadas

A escavação estratigráfica vertical por quadrículas representou por três décadas, de 1930 a 1960, a vanguarda, condizente com as novas relações na produção capitalista, das técnicas de escavação. Em meados dos anos 1950 Mortimer Wheeler refletia que "uma necessidade reconhecida, atualmente, é a exploração metódica da unidade social numa escala mais ampla do que foi normal no passado". Por unidade social, Wheeler entendia, por exemplo, uma olaria (local onde se produzia cerâmica), uma casa de fazenda ou uma moradia, cada uma com sua função social própria. Wheeler desconhecia, contudo, o trabalho que desenvolviam, separadamente, o italiano Nino Lamboglia e o francês André Leroi-Gourhan, preocupados, justamente, com a escavação de unidades sociologicamente significativas.

Lamboglia já em 1950 pregava a eliminação dos testemunhos e a escavação contínua de toda a superfície como um modo de poder melhor entender como se vivia em determinado momento histórico. No mesmo ano, Leroi-Gourhan, em seu *As escavações pré-históricas: técnicas e métodos*, introduzia a noção de escavação etnográfica que visava escavar toda uma aldeia, mesmo que com área muito extensa, escavando estrato por estrato, por uma superfície muito grande (conhecida como decapagem) com vistas a conhecer o funcionamento da aldeia. Essas novidades não surgiram nas escavações nas colônias, mas no estudo de sítios na própria Europa.

A escavação vertical continuou a ser importante no trato de sítios "na periferia" (fora das grandes potências), como fica bem evidente quando se pensa que sua introdução nos protetorados franceses se deu apenas em fins dos anos 1950 e início dos anos 1960. A escavação nos centros capitalistas mais avançados, por sua vez, enfrentava uma nova realidade social perante a qual as práticas da arqueologia colonial se encontravam defasadas.

O segundo pós-guerra testemunhou na Europa Ocidental uma transformação radical nas relações de produção, com o crescimento econômico e a consequente integração dos trabalhadores no mundo do consumo. A ascensão social correspondia a uma nova representação ideológica dos papéis sociais: o proprietário dos meios de produção apresenta-se como um mero administrador e os trabalhadores são concebidos como seus "parceiros" no novo pacto social.

O empresário não é mais apenas aquele que propicia trabalho mas aquele que administra um bem – a empresa – que se pretende comum e útil a todos. A noção de parceria social integra-se nos programas dos principais sindicatos no decorrer dos anos 1950 e 1960. Juntamente com as frentes de trabalho para desempregados, essas são as premissas para um novo tipo de relação entre arqueólogos e operários. Estes últimos não são mais vistos como bárbaros ou preguiçosos que precisam ser vigiados e comandados, mas devem adquirir uma certa especialização que os leve a participar do processo de conhecimento.

As sociedades industrializadas tornam-se mais e mais burguesas, com o predomínio da cultura de consumo de massa e, consequentemente, a arqueologia, outrora aristocrática, também vai se popularizando e se tornando uma atividade atrativa para as classes médias, em particular, a partir da década de 1980.

A escavação preocupada com unidades sociologicamente significativas revela, igualmente, uma alteração do foco de atenção do arqueólogo da transformação histórica – representada na ênfase dada ao testemunho e à sequência estratigráfica anotada com base naquele enfoque – para uma visão etnográfica, sincrônica e cotidiana, da estratigrafia. A história, carregada de conflitos e guerras, é deixada em segundo plano, valorizando-se a tranquilidade da vida cotidiana.

A valorização da escavação de grandes superfícies, que representa a importância dada à vida diária, responde ao crescimento vertiginoso da sociedade de consumo. A arqueologia como prática da classe média está pouco preocupada com os conflitos, centrando-se o arqueólogo, não mais na ideia de destruição de povos e grupos sociais – derivada de conflitos interiores ou exteriores – mas no dia a dia pacífico e estável das pessoas no passado.

A atenção prestada aos estratos como unidades sociológicas leva à adoção de procedimentos de escavação e documentação que respondem às novas exigências. Em termos de técnicas de escavação, ressaltam-se a seção cumulativa e a utilização de novas ferramentas. A seção cumulativa consiste em registrar, de forma contínua, os estratos arqueológicos, o que permite melhor compreender a ocupação do sítio. Às tradicionais ferramentas utilizadas em campo, tais como picaretas, pás, baldes, varas, triângulos, fitas métricas, escovas e pincéis, acrescenta-se a delicada pá de pedreiro e um cuidado muito maior no uso dessas ferramentas.

O manuseio cuidadoso do instrumental exige um treinamento específico, compulsório para qualquer escavador, seja operário, voluntário ou arqueólogo. Em termos organizacionais inverte-se a relação numérica de operários e arqueólogos, predominando agora esses últimos numa proporção de três ou quatro para cada trabalhador. O uso de mão de obra mais especializada permitiu um trabalho de campo mais acurado e detalhado.

Esse novo tipo de escavação de grandes superfícies caracteriza-se, em termos técnicos, pela decapagem de uma área muito grande, por muitos anos, com pouco aprofundamento a cada ano, com o uso de mão de obra qualificada e treinada para o uso acurado do ferramental. Enfim: escavação lenta e demorada, visando à reconstituição de um momento histórico específico.

AS TÉCNICAS DE ESCAVAÇÃO NO BRASIL

A distinção entre desenterramentos e escavações e, no interior dessas últimas, entre três tipos (representados pelas fases acima expostas), não possui um caráter cronológico evolutivo como se, com o decorrer do tempo, as diversas práticas arqueológicas fossem se aprimorando. Trata-se, como já foi ressaltado, de comportamentos correspondentes a determinadas relações socioculturais no interior de diferentes sociedades em contextos históricos também variados, dos quais alguns aspectos foram apresentados no decorrer deste capítulo.

O caráter periférico do Brasil no contexto científico internacional e a importação de conceitos europeus por parte de nossas elites viriam a gerar um duplo movimento de identidade cultural. Por um lado, a valorização de um passado aqui territorialmente inexistente, representado no culto às elites clássicas, desde o Egito Faraônico, passando por gregos e romanos, até chegar às monarquias modernas. Por outro, a imposição, desde a década de 1870, das ideias de progresso e, nos últimos anos, de desenvolvimento. Assim, à valorização de um passado externo correspondeu a destruição física e ideológica da memória nativa, seja a indígena, seja a "herança atrasada" a ser superada pelo desenvolvimento.

Esses dois fatores, isolamento científico e identidade cultural subordinada a modelos externos, viriam determinar as feições básicas da arqueologia em solo brasileiro. Trata-se, em nosso meio, de uma disciplina acadêmica importada, implicando uma atuação marginal em termos da cultura nacional. De fato, na medida em que os vestígios arqueológicos no Brasil se referem, em geral, a comunidades indígenas exterminadas durante a colonização do país, a escavação dos sítios pré-históricos desvincula-se dos interesses dos principais segmentos sociais.

Os indígenas foram, em termos históricos, desvalorizados e, portanto, seus vestígios não mereceram grande atenção. As comunidades locais não sentem nenhuma identidade, em termos de continuidade cultural, com os originários habitantes exterminados. Os grupos sociais fora do poder, trabalhadores de diversos setores, quando buscam uma identidade contraposta àquela dominante, tampouco se voltam para uma tradição indígena.

O interesse no indígena implicou sempre uma idealização do bom selvagem, desde *Iracema*, de José de Alencar, ou *O Guarani*, de Carlos Gomes, no século XIX, até chegar à eleição do cacique Juruna para o Congresso Nacional, na década de 1980. Os indígenas apareceram como heroicos e honrados, mas apenas como uma imagem idealizada, como antepassados míticos, não como "esses índios que aí estão", sempre desvalorizados. (Na década de 1990, um bando de adolescentes de Brasília "comemorou" o dia 19 de abril, dia do índio, ateando fogo e matando um indígena). Nesse contexto, compreende-se que os vestígios arqueológicos ameríndios tenham sido buscados e estudados com base numa ótica absolutamente

ESQUEMA 5 – ORGANIZAÇÃO DO TRABALHO ARQUEOLÓGICO

	DESENTERRAMENTO	ESCAVAÇÃO		
		Superposições de ocupações	*Estratigrafia vertical*	*Unidades sociológicas*
OBJETIVOS	Estruturas Objetos preciosos	Solos de ocupação Cronologia relativa de artefatos	Estratos Fatos arqueológicos História (sequência de fatos)	Estratos verticais e horizontais Ações humanas Cotidianidade (sistema sociocultural)
PESSOAL	Arqueólogo responsável Trabalhadores braçais	Diretor de escavação Trabalhadores braçais	Diretor de escavação Pesquisadores subordinados Operários especializados (exclusão de voluntários)	Diretor de escavação Muitos arqueólogos Poucos escavadores (estudantes – voluntários/operários)
TÉCNICAS	Trincheiras Sondagem	Quadrantes	Quadrículas	Seção cumulativa Decapagem

Arqueologia

alheia ao ambiente cultural nacional, como parte da arqueologia pré-histórica das grandes potências, como os Estados Unidos e a França.

As técnicas de escavação utilizadas no Brasil derivam, justamente, da relação existente entre os grupos arqueológicos atuantes e as matrizes científicas localizadas no exterior. Se essa subordinação ocorre, como propõe o filósofo brasileiro José Arthur Giannotti, nas ciências humanas, como um todo, dos países periféricos, na arqueologia brasileira isto se apresenta de forma particularmente nítida.

Os procedimentos de escavação predominantes entre os arqueólogos brasileiros resumem-se a três vertentes: (1) desenterramento; (2) escavação voltada para a datação relativa de artefatos; (3) escavação de grandes superfícies.

O desenterramento predomina entre os amadores, preocupados com a obtenção de objetos, em particular grandes vasos cerâmicos. O esburacamento do solo, utilizando-se das técnicas usuais na região onde se situa o sítio arqueológico, permite que os desenterramentos não necessitem de uma base externa de técnicas de trabalho de campo.

A influência da arqueologia norte-americana empirista fez-se sentir no Brasil, sobretudo, a partir de meados da década de 1960.

Algumas imagens encontradas em sítios arqueológicos brasileiros localizados no Piauí e no Rio Grande do Norte.

Em termos de práticas de escavação, as principais características adotadas foram as escavações, em geral de dez em dez centímetros de profundidade, as sondagens (1x1 m ou 2x2 m), assim como o registro das diferenças de estrato nas paredes da escavação.

A escavação de grandes superfícies por decapagem, que vem se difundindo no Brasil, deve sua origem à ligação de certos arqueólogos brasileiros com a arqueologia pré-histórica francesa, influenciada pelos trabalhos de André Leroi-Gourhan. Quanto às técnicas utilizadas, nada cabe acrescentar ao que foi dito anteriormente sobre este tipo de escavação, tratando-se, ainda neste caso, da transposição para o território nacional de procedimentos surgidos na Europa ou nos Estados Unidos, ligeiramente adaptados a um contexto tropical.

As técnicas de escavação utilizadas no Brasil, da mesma forma que aquelas descritas como utilizadas em outros territórios, não devem ser encaradas como algo a ser hierarquizado numa linha evolutiva. Não só porque todas são utilizadas contemporaneamente como também, na medida em que a significação ideológica da arqueologia no país é apenas marginal, as transformações nas práticas dependem daquilo que ocorre nos centros hegemônicos. Como todo *know-how* importado, as técnicas de escavação arqueológica implicam gestos e comportamentos fisicamente semelhantes àqueles praticados nas metrópoles culturais, mas escondem, atrás de si, uma diferença essencial.

Muitas vezes, nos países mais desenvolvidos, a arqueologia está bem inserida na sociedade, de uma forma ou de outra, enquanto, aqui no Brasil, ainda está muito afastada, especialmente, dos interesses e valores indígenas, das comunidades tradicionais e das grandes massas em geral. A arqueologia brasileira, no entanto, tem se desenvolvido muito, nos últimos anos, com uma crescente inserção, tanto na sociedade brasileira, como na ciência internacional. Há cada vez maior presença da arqueologia nos livros didáticos e nos meios de comunicação, assim como as pesquisas acadêmicas têm se multiplicado. O diálogo com a arqueologia mundial também tem sido importante para seu dinamismo.

CAPÍTULO 5
A ARQUEOLOGIA E AS OUTRAS ÁREAS DO CONHECIMENTO

A arqueologia é uma disciplina que não pode ser desvencilhada de muitas outras com as quais está relacionada. O estudo da cultura material, de todo o imenso arsenal de artefatos que fazem parte do cotidiano do ser humano depende, em muitos casos, da interação da arqueologia com outras áreas.

A sua relação com a história é particularmente importante, quando mais não fosse porque, para alguns arqueólogos, a sua disciplina nada mais seria do que uma complementação da história, como já vimos. Além disso, na tradição europeia, da qual somos também tributários, a arqueologia surgiu no seio da história. Assim, qualquer que seja o ponto de vista, a relação com a história constitui aspecto central da disciplina e merece atenção especial.

A cultura material estudada pelo arqueólogo insere-se, sempre, em um contexto histórico muito preciso e, portanto, o conhecimento da história constitui aspecto inelutável da pesquisa arqueológica. Assim, só se pode compreender a cerâmica grega se conhecermos a história da sociedade grega, as diferenças entre as cidades antigas, as transformações por que passaram. A história, contudo, não é tampouco uma descrição do passado tal qual aconteceu, é uma interpretação e, por isso, tanto mais será importante conhecer as controvérsias historiográficas sobre o período histórico tratado.

Não se trata, assim, de usar a história como fonte segura de informações, mas de conhecer as discussões dos historiadores e relacionar tais questões à cultura material estudada. As ciências não são apenas auxiliares umas das outras, elas mantém relações entre si. Os dados materiais, analisados pela arqueologia, podem tanto confirmar, como complementar e mesmo contradizer as informações das fontes históricas. Esses dois últimos aspectos são os mais importantes, pois permitem ao arqueólogo ir além daquilo que está nas fontes escritas.

Um exemplo poderá deixar mais clara a importância da relação da arqueologia com a história: o estudo do Quilombo dos Palmares. O Brasil, colonizado pelos portugueses, contava, no início do século XVII, com dezenas de engenhos de cana-de-açúcar, trabalhados por mão de obra escrava, na costa do que viria a ser o Nordeste, na Capitania de Pernambuco. Segundo os documentos escritos, já em 1612 escravos fugidos das fazendas formaram, na serra há dezenas de quilômetros do litoral, um refúgio, conhecido na época como República (ou seja, um Estado autônomo) de Palmares, nome derivado das palmeiras daquelas paragens. Os portugueses enviavam missões de captura ao interior mas, com a chegada dos holandeses e a ocupação de uma grande parte da colônia, a partir de 1630, a atenção desviou-se de Palmares.

Os holandeses atacaram sim os refúgios palmarinos, mas estavam mais preocupados com a presença portuguesa na Bahia e, com isso, as aldeias de fugitivos crescia, segundo os documentos da época. Após a expulsão dos holandeses, e em especial a partir da década de 1670, os ataques a Palmares se intensificaram e acabaram destruindo o quilombo em 1694, com a morte de Zumbi, o último rei dos revoltosos, em 20 de novembro de 1695. Tudo isso podemos encontrar em fontes escritas por portugueses e holandeses que, por quase um século, atacaram o quilombo.

A arqueologia, contudo, pode fornecer dados que também complementam e mesmo podem contradizer esses documentos. De fato, os autores que escreveram sobre Palmares eram seus inimigos e, mesmo quando queriam ser objetivos, não tinham muitas informações sobre o quilombo. O estudo arqueológico de Palmares forneceu dados sobre a capital do quilombo, a Serra da Barriga, no atual estado de Alagoas, a 60 quilômetros da costa, tanto sobre o assentamento como sobre o que ali se utilizava.

Pesquisadores descobriram que havia ali muitos sítios arqueológicos do século XVII, todos eles localizados estrategicamente na face da serra que era menos suscetível a ataques por parte das entradas que vinham pelo rio Mundaú. Nenhum documento da época mencionava esse posicionamento estratégico dos quilombolas, mas os sítios encontrados demonstram uma preocupação defensiva clara.

Segundo a maioria das fontes da época e dos estudiosos posteriores, em Palmares viveriam, basicamente, africanos fugidos das plantações, ainda que alguns documentos mencionem também indígenas e mesmo outros grupos étnicos, como colonos e mouros. A cerâmica encontrada na Serra da Barriga mostra grande diversidade, com materiais de tipo europeu, provavelmente cerâmica vidrada barata produzida na costa, mas também vasos de tipo indígena, em grande maioria, e outros, com diversas influências e que se poderia supor ser produção nova dos quilombolas. Com os dados arqueológicos, foi possível propor que havia forte presença indígena no quilombo, o que não é de se estranhar, considerando que a região já era habitada por nativos e que nas fazendas escravistas muitos escravos eram indígenas. A arqueologia pôde, assim, fornecer informações que reforçavam os indícios da presença indígena.

Esse mesmo exemplo conduz-nos a outra área com a qual a arqueologia se relaciona, a antropologia, que estuda o funcionamento das sociedades humanas, seus ritos, tudo aquilo que se repete e se torna parte de uma cultura. Nas suas origens, a antropologia voltava-se para o estudo do "outro", dos costumes de outros povos e civilizações diferentes daquela do pesquisador. Por isso, Heródoto, o historiador grego do século V a. C., foi considerado também pai da antropologia, na medida em que ele se preocupou em descrever os usos e costumes dos povos com os quais os gregos entraram em contato, como os egípcios.

No século XIX, quando surgiu a antropologia, o contato das potências imperialistas, como Inglaterra, França e Estados Unidos, com povos periféricos, a exemplo dos africanos, asiáticos e latino-americanos, fez com que essa disciplina se desenvolvesse, como uma maneira de conhecer de que modo viviam os chamados "primitivos". Nos Estados Unidos, a oposição entre "nós" (os americanos brancos) e "eles" (os primitivos) dividiu as disciplinas história e antropologia, que se constituiu de quatro áreas: etnologia, linguística, antropologia física e arqueologia.

Todas essas disciplinas ligavam-se ao estudo dos indígenas, vivos ou mortos. Para o conhecimento dos índios mortos, por meio dos vestígios materiais, desenvolveu-se a arqueologia. Com o decorrer do tempo, contudo, a antropologia passou a tratar do conhecimento do ritos, costumes e características de quaisquer sociedades, em qualquer época, inclusive as nossas contemporâneas. Se a história se preocupa com a transformação e a mudança, a antropologia procura explicar a transmissão de valores culturais, de normas de conduta.

Podemos, agora, voltar ao exemplo de Palmares, para exemplificar como a arqueologia se relaciona com a antropologia. Para compreendermos o funcionamento de um quilombo como Palmares, que sobreviveu por quase um século, a antropologia pode fornecer indicações muito úteis para o arqueólogo. Encontramos, na Serra da Barriga, vestígios cerâmicos de tradição indígena, como interpretá-los? Depende de como entendemos o funcionamento do quilombo, de quais modelos antropológicos lancemos mão.

Se considerarmos que as sociedades são mais ou menos homogêneas e que os artefatos refletem essa homogeneidade, a presença de cerâmica indígena pode ser vista como resultado da incorporação de tradições artesanais indígenas pelos quilombolas. Se considerarmos que as sociedades são compostas de diferentes grupos étnicos e que cada um deles mantém sua cultura material própria, a cerâmica indígena poderá ser vista como prova da presença de nativos no quilombo.

Se aceitarmos que a sociedade é sempre composta de diversos subgrupos, com identidades fluidas, em mutação, a cerâmica indígena poderá ser considerada ainda de uma terceira maneira. Mais do que indicadora da assimilação de uma tradição cerâmica preexistente ou da existência de índios no quilombo, poderia ser considerada como produto de uma nova sociedade, com ligações com o mundo indígena, mas já reformulada no contexto do quilombo.

Se considerarmos a sociedade quilombola como composta por diversos grupos, com interesses nem sempre em acordo, a cerâmica de tradição indígena talvez possa ser interpretada como "popular", por oposição à cerâmica vidrada, também presente no local, que poderia destinar-se à elite do quilombo. Assim, cada uma das interpretações propostas para explicar a presença da cerâmica indígena, como vimos, depende da adoção de diferentes modelos antropológicos. E a adoção de um modelo ou outro vai depender em boa parte do posicionamento do estudioso, de seus interesses e comprometimentos sociais, ainda que os dados objetivos sejam a base imprescindível para qualquer interpretação científica.

Mas não é apenas no estudo dos artefatos que a antropologia é importante. A antropologia pode fornecer modelos de funcionamento da sociedade que permitem ao arqueólogo melhor entender o que ele estuda. Se ficarmos ainda no exemplo de Palmares, podemos recorrer ao chamado modelo do sistema mundial, formulado pelo antropólogo americano Eric Wolf, em seu livro *A Europa e os povos sem escrita*, no qual procura mostrar como todas as sociedades, tomando por base a expansão europeia do século XV, passaram a viver de forma entrelaçada, como parte de um único sistema mundial. Uma espécie, portanto, de início da globalização.

Segundo esse ponto de vista, o quilombo dos Palmares, ainda que construído na serra nordestina do Brasil, seria o resultado de um movimento muito mais amplo. Assim, foi a expansão capitalista europeia que levou os portugueses a colonizar a América do Sul, assim como foi o capitalismo a importar escravos africanos para trabalhar em fazendas na costa. Essas fazendas exportavam açúcar para a Europa, traziam escravos da África, escravizavam indígenas. Como resultado, os escravizados tentavam fugir e ficar livres do jugo nas fazendas, o que os levou ao Quilombo dos Palmares.

O crescimento do quilombo dependeu, ainda, da rivalidade entre as potências coloniais, pois foi a luta entre os Países Baixos e Espanha que levou à presença holandesa no Brasil e a subsequente luta entre portugueses e holandeses, permitindo o crescimento do quilombo. Posteriormente, a derrota dos quilombolas deveu-se à impossibilidade de subverter a ordem escravista na colônia, pois a manter a escravidão havia um sistema capitalista mundial.

Em outros casos, a antropologia física pode ser decisiva para o trabalho arqueológico. Para tanto, é necessária a preservação de vestígios esqueletais, algo que nem sempre é fácil, já que solos ácidos consomem os ossos em poucos anos. Quando preservados, sua análise permite que possamos estudar uma infinidade de aspectos da vida daqueles seres humanos. Assim, podemos saber quais as idades aproximadas em que as pessoas morriam e suas condições físicas ao final da vida. Com isso, depreendemos que, em muitas sociedades antigas, a maioria das pessoas morria relativamente jovem.

Podemos, ainda, identificar algumas das doenças que afligiam populações antigas, assim como, pelo desgaste dos dentes, sabemos o que comiam ou mesmo se usavam os dentes para trabalhos de cestaria, como era o caso de tribos indígenas brasileiras. Em Herculano, cidade soterrada pela erupção do Vesúvio em 79 d. C., encontraram-se corpos que mostram até mesmo as deficiências alimentares e os maus tratos sofridos pelos escravos romanos.

Mais recentemente, arqueólogos, em colaboração com antropólogos físicos, escavaram e identificaram corpos de pessoas assassinadas pelas ditaduras latino-americanas, os chamados "desaparecidos". Na medida em que não há registros das pessoas assassinadas pelas ditaduras, a identificação dos mortos assim como da maneira como morreram pode ser muito importante para os familiares das vítimas e para a sociedade como um todo.

Outro grande exemplo refere-se ao papel dos crânios pré-históricos para identificar os mais antigos habitantes de nosso continente americano. O arqueólogo e antropólogo físico brasileiro Walter Alves Neves e outros estudiosos da morfologia humana constataram que parece ter havido uma população não mongoloide, há alguns milhares de anos. Até então, todos os indígenas americanos conhecidos apresentam semelhanças morfológicas com as populações norte-asiáticas mongoloides. Ou seja, os ameríndios parecem-se com os povos mongoloides, como os chineses ou japoneses.

Isso levou a pensar-se que a entrada do homem no continente americano teria se dado pelo Estreito de Bering (onde estão e estavam essas populações mongoloides), há poucos milhares de anos, pois o surgimento das características físicas mongoloides não seriam, segundo a maioria dos analistas, anterior a vinte mil anos. O arqueólogo Walter Neves e seus colegas estudaram esqueletos de diferentes épocas e regiões da América do Sul, comparados com 18 populações da humanidade atual, agrupadas por continente. Os antigos esqueletos, entre cinco e doze mil anos antes do presente, mostraram uma surpreendente diferença em relação aos grupos posteriores ameríndios, e semelhança com populações atuais da África e da Oceania.

Esses estudos indicam que as ideias tradicionais sobre o assentamento humano na América devem ser todas revistas. O modelo mais aceito parte da hipótese de três grandes estoques (ou grupos) populacionais, provenientes do nordeste asiático (Sibéria) e relativamente homogêneos no que se refere às arcadas dentárias, que teriam adentrado a América não antes de doze mil anos atrás, dando origem a toda a diversidade humana no continente. As novas datações contradizem este modelo, assim como as análises dos crânios humanos. Neves e seus colegas propuseram, então, uma teoria alternativa, para explicar a presença de homens de tipo africano/oceânico nos períodos mais recuados: uma onda migratória, também pelo Estreito de Bering, mas muito anterior. Uma possível revolução no conhecimento do passado, vindo, principalmente, da antropologia física.

Da antropologia física, passemos à biologia, seja em termos de teorias, seja das técnicas. O evolucionismo, surgido com as teorias de Charles Darwin para explicar as transformações da vida, tem sido aplicado ao estudo arqueológico, em especial o estudo das mudanças nas espécies de primatas e às plantas e animais ligados ao homem. Até meados do século XIX, acreditava-se que o mundo e o homem haviam sido criados há pouco mais de cinco mil anos por Deus. Darwin irá propor que as espécies de animais, incluindo o ser humano, possuem origens biológicas comuns e que, portanto, o homem não foi criado tal como é hoje, mas evoluiu de outros animais já extintos, assim como todos os outros animais.

O estudo do DNA dos animais e das plantas tem sido também muito difundido, trazendo relevantes informações para os arqueólogos. O estudo recente do DNA dos cães americanos, por exemplo, permitiu saber que esses animais não se aparentam com outros canídeos americanos, mas estão próximos dos asiáticos, o que indica que os cães americanos vieram com o homem da Ásia para a América, não foram domesticados aqui. O estudo genético dos indígenas americanos tem indicado, por sua parte, que todos têm origem asiática e que a sua migração nas Américas deu-se do Alaska para o sul.

Já a geografia, tanto física como humana, relaciona-se de maneira estreita com a arqueologia, pois os homens sempre viveram em interação com o meio ambiente. O conhecimento das condições fisiográficas e climáticas, em determinado momento do passado, é importante para se entender, por exemplo, o surgimento da civilização egípcia. Há dez mil anos, quando o rio Nilo era circundado por áreas úmidas, os homens viviam longe de suas margens, dominadas por pântanos. Com o aquecimento do planeta, o deserto tomou conta de grande parte do norte da África e o vale do rio Nilo tornou-se o único filete de água em milhares de quilômetros, não havendo outro refúgio para o ser humano. O regime das cheias do Nilo, ao ser dominado pelo homem, levou ao posterior desenvolvimento da civilização egípcia.

Em termos de modelos interpretativos, também a geografia fornece diversos à arqueologia, como o chamado sistema de assentamento, que parte do princípio de que os seres humanos assentam-se visando minimizar os esforços e maximizar os resultados, em sua relação com o meio ambiente.

As histórias da arte e da arquitetura também são áreas importantes para o estudo arqueológico das sociedades históricas, nas quais os estilos artísticos e arquitetônicos marcam as diversas civilizações desde, ao menos, cinco mil anos. Todos vivemos tanto no espaço externo, geográfico, como no espaço construído dos edifícios. A arqueologia da arquitetura tem mostrado como as plantas dos edifícios podem nos dizer muito sobre a maneira como as pessoas viviam, fundamentado no princípio da facilidade ou dificuldade de acesso ao interior e aos aposentos.

Em qualquer construção, as portas e corredores têm a função essencial de permitir ou negar o acesso aos locais e, em diferentes sociedades e épocas, houve diferenças notáveis na forma de acesso e mobilidade nas construções. O estilo arquitetônico e a decoração, na forma de pinturas e estátuas, constituem elementos adicionais a serem considerados. Nesse campo, uma relevante contribuição arquitetônica provém dos estudos sobre como os edifícios modernos buscam controlar, visualmente, as pessoas, com base no chamado modelo panótico, aquele no qual tudo se pode ver de um ponto de controle (esse o sentido da palavra "panótico", "ver tudo"). Isso fica claro em uma planta da escola de Jeremy Bentham, de 1816:

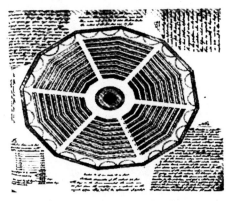

O "panótico", projeto para escola, por Jeremy Bentham

Postado no centro, o controlador pode vigiar todos os alunos. Da mesma forma, muitos edifícios, baseando-se no desenvolvimento do capitalismo, no século XIX, passaram a privilegiar o controle visual, de vigilância das pessoas. Por outro lado, nas casas, que antes possuíam mais de uma entrada e mais de uma porta por ambiente – o que permite grande mobilidade –, a entrada foi restringida, assim como as possibilidades de movimentação interna, como fica claro nas plantas seguintes:

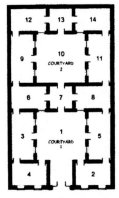

Casa colonial argentina, com apenas uma entrada, mas muitas possibilidades de movimentação interna.

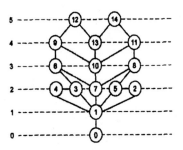

Planta e estrutura simétrica, com número de habitantes proporcional aos aposentos, que se interligam. Há, ainda, múltiplas formas de comunicação entre os aposentos, através de portas.

Arqueologia

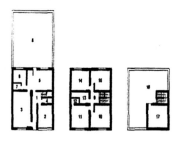

Casa moderna argentina, de três andares, com rotas de circulação controlada.

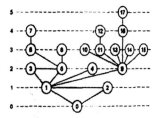

Planta e estrutura assimétricas, com alto número de aposentos por ocupante (dois ou três por pessoa) e pequena integração entre os aposentos (poucas portas). Circuitos alternativos de circulação tendem a desaparecer e aposentos de controle são introduzidos, de forma que a circulação possa ser controlada por uma autoridade (pai, chefe da casa, diretor de escola etc.)

O controle e a vigilância da sociedade capitalista foi incorporado na arquitetura, a partir de fins do século XVIII, tema que foi abordado por estudiosos de outra área do conhecimento: a filosofia. De fato, foi o filósofo francês Michel Foucault quem desenvolveu, a partir da década de 1960, uma série de conceitos filosóficos que têm sido muito utilizados, também, na arqueologia, tanto sobre nossa sociedade moderna, como sobre a ciência em geral. Segundo Foucault, a sociedade, a partir do século XIX, tornou-se cada vez mais controladora e vigilante do comportamento das pessoas, o que afetou inclusive a cultura material e não apenas os edifícios, como vimos anteriormente.

Outro bom exemplo de vigilância na cultura material encontra-se na sala de aula. Os alunos são controlados, visualmente, pelo professor, atrás de suas carteiras bem visíveis, controláveis pelo olhar, assim como o próprio professor é controlado pela janelinha na porta, que permite que alguém, bedel, supervisor ou quem quer que seja possa saber como o professor controla os alunos. Assim, a porta da sala de aula com uma janelinha, inovação que nos parece tão natural, pode ser melhor entendida com o conceito de sociedade da vigilância do filósofo Foucault.

Foi também a contribuição de Foucault que levou muitos pesquisadores a questionar a objetividade do discurso científico, entre eles os arqueólogos que passaram a compreender melhor sua atividade como parte da sociedade, com uma história e movida a interesses que não se podem desvencilhar dos embates políticos e sociais do mundo em que vivem.

Mas não só Foucault e sua filosofia influenciaram a arqueologia, outras vertentes filosóficas também o fizeram de forma muito marcante, do marxismo ao pragmatismo. Alguns, inspirados na filosofia da ciência, propuseram que a arqueologia devia ser uma ciência exata, capaz de estabelecer leis de comportamento humano. Esse foi o caso da *New Archaeology*, como vimos em capítulos anteriores.

O marxismo, por sua vez, é tão variado que se poderia citar uma pletora de influências na arqueologia, com destaque para o papel chave da filosofia marxista tal como entendida por Vere Gordon Childe, já no início do século XX, e para os marxismos da Escola de Frankfurt e sua teoria critica, nas últimas duas décadas do mesmo século XX. As principais características das tendências marxistas na arqueologia são:

• Os escritos de Marx são considerados pontos de partida, não pontos de chegada;

• As relações sociais estão no centro da pesquisa arqueológica marxista;

• A sociedade é tratada como um todo, as relações sociais são vistas como interligadas umas às outras;

• Contradições e conflitos são considerados características cruciais da sociedade humana e motores de mudanças internas na sociedade, portanto rejeita-se a ideia de que a sociedade é um simples conjunto de adaptações funcionais a fatores externos;

• A ação humana, ou *práxis*, tem papel importante no desenrolar do processo histórico e, por isso, o determinismo ambiental e o tecnológico são rejeitados;

• As pessoas produzem conhecimento e o conhecimento do passado depende do contexto social e político de cada período histórico em que é produzido.

Segundo alguns estudiosos marxistas, a arqueologia voltada para o divertimento, *à la* Indiana Jones, seria mero entretenimento. Seria como se a arqueologia servisse apenas para as pessoas sonharem com as antigas civilizações, "viajarem" como o fazem ao folhear as belas imagens da revista *National Geographic*. Para evitar essa visão romanceada, segundo os estudiosos marxistas, uma abordagem crítica seria imprescindível para a arqueologia.

A arqueologia liga-se a outra ciência humana: a linguística. Em termos históricos, tanto a arqueologia europeia como americana surgiram no bojo do estudo das línguas. A filologia histórica europeia estabeleceu a existência de troncos linguísticos e, por analogia, procurou-se identificar, na cultura material, tais ramificações e origens. Para os linguistas, há uma sequência na evolução da seguintes línguas:

- Indo-europeu (5000 a. C.)
- Latim (200 a. C. – 200 d. C.)
- Português (1300 até hoje)

Do indo-europeu derivaram várias línguas, dentre as quais o latim. Esse, por sua vez, gerou outras tantas línguas, como o italiano, o espanhol e o português. Assim, se houve essa sequência indo-europeu/latim/português, deveria ser possível identificar artefatos nessa sequência (cultura material indo-europeia, romana, portuguesa), raciocínio com base no qual foram desenvolvidos vários trabalhos arqueológicos. Por analogia, no Brasil se procurou identificar, baseado no tronco linguístico tupi-guarani, a existência de uma cerâmica tupi-guarani. A importância desse tipo de analogia linguística fica clara nas palavras de Gordon Childe:

> Sendo a linguagem um veículo tão importante na formação e transmissão da tradição social, o grupo assinalado pela posse de uma "cultura" distinta provavelmente falará também uma linguagem distinta [...] cada língua é produto de uma tradição social e age sobre outras formas tradicionais de comportamento e pensamento. Menos familiar é o processo pelo qual as divergências de tradição atingem até a cultura material. [...] Da mesma forma como *"next Friday"*, na Inglaterra,

transforma-se em *"Friday first"* na Escócia, na cultura material manifestam-se diferenças: na Irlanda e no País de Gales os trabalhadores rurais usam pás de cabos longos, ao passo que na Inglaterra e na Escócia os cabos são muito mais curtos. O trabalho realizado é, em cada caso, o mesmo, embora o manuseio do instrumento seja, evidentemente, diverso. As divergências são puramente convencionais [...] As divergências linguísticas devem ser tão velhas quanto as divergências culturais identificáveis no registro arqueológico. (Childe, 1960: 15-17)

A arqueologia não pode ser pensada, ainda, sem a referência à museologia, aos estudos de gestão do patrimônio, ao seu aspecto público. O que seria patrimônio? As línguas românicas usam termos derivados do latim *patrimonium* para se referir à "propriedade herdada do pai ou dos antepassados, uma herança". Os alemães usam *Denkmalpflege*, "o cuidado dos monumentos, daquilo que nos faz pensar", enquanto o inglês adotou *heritage*, na origem restrito "àquilo que foi ou pode ser herdado" mas que, pelo mesmo processo de generalização que afetou as línguas românicas e seu uso dos derivados de *patrimonium*, também passou a ser usado como uma referência aos monumentos herdados das gerações anteriores.

Em todas essas expressões, há sempre uma referência à lembrança, *moneo* (em latim, "levar a pensar", presente tanto em *patrimonium* como em *monumentum*), *Denkmal* (em alemão, *denken* significa "pensar") e aos antepassados, implícitos na "herança". Ao lado desses termos que nos tocam os sentimentos, ao ligar as pessoas aos seus reais ou supostos precursores há, também, uma definição mais econômica e jurídica do termo patrimônio, "propriedade cultural", comum nas línguas românicas (como no italiano, *beni culturali*), o que implica um liame menos pessoal entre o monumento e a sociedade, de tal forma que pode ser considerado uma "propriedade".

Como a própria definição de "propriedade" é política, "a propriedade cultural é sempre uma questão política, não apenas teórica", como ressaltava o arqueólogo italiano Carandini, pois precisamos de critérios para definir o que merece ser preservado, segundo nosso julgamento subjetivo, político. Nesse contexto, "o que preservar?", "como fazê-lo?" e "para quê?" são algumas das questões que ligam a arqueologia à museologia, à preservação do patrimônio e à educação patrimonial ou seja, a conscientização das populações com relação à importância da preservação do patrimônio.

No Brasil, a política de preservação centrou-se, muitas vezes, nos bens de uma estreita elite de proprietários de escravos sem qualquer preocupação popular. Isso, entre outras coisas, faz com que a população comum de nossos dias se sinta distante dos vestígios suntuosos do passado e não se identifique com a preservação desse patrimônio. A estudiosa brasileira do patrimônio Guiomar de Grammont descreve esta situação com palavras fortes:

> A distância entre as autoridades e o povo é a mesma daquela entre a sociedade civil e o passado, devido à falta de informação, ainda que os habitantes das "cidades coloniais" [como Ouro Preto, Paraty entre outras] dependam do turismo para sua própria sobrevivência. Quem são os maiores inimigos da preservação dessas cidades coloniais? Em primeiro lugar, a própria administração municipal, não afetada pelos problemas sociais e ignorante das questões culturais em geral mas, às vezes, os moradores também, inconscientes da importância dos monumentos, contribuem para a deformação do quadro urbano. Novas janelas, antenas parabólicas, garagens, telhados e casas inteiras bastam para transformar uma cidade colonial em uma cidade moderna, uma mera sombra de uma antiga cidade colonial, como é o caso de tantas delas.

A arqueologia cada vez mais deve voltar-se para as disciplinas que refletem sobre o destino da cultura material que ela estuda e o caminho que se tem proposto é a colaboração da população em geral de maneira que esta possa ajudar a definir os usos desse material e mesmo sua interpretação. Também mostra-se relevante a tendência de interação dos arqueólogos com grupos de interesse, como os movimento de mulheres ou de minorias étnicas (como os indígenas, os afrodescendentes etc.), sempre objetivando uma arqueologia que não seja excludente, mas que propicie a participação das pessoas no acesso ao conhecimento.

CAPÍTULO 6
ARQUEOLOGIA E PODER

O poeta alemão Goethe descreveu, em 1788, com as seguintes palavras, os sentimentos que experimentara quando da sua primeira visita à Roma:

> Também as antiguidades romanas começaram a me agradar. história, inscrições, museus, dos quais antes nada queria saber, tudo se abria diante de mim. O que se passara comigo quanto à história natural, aconteceu também aqui, pois neste lugar condensava-se toda a história do mundo e, desde o dia que fui para Roma, contei um segundo nascimento, um verdadeiro renascimento. (*Goethes Werke*, bd. 10. Weimar, 1968. p. 153)

As impressões de Goethe ressaltam que a constituição de uma identidade depende da preservação de lugares com suas evocações à nossa memória, sendo o caso de Roma muito claro, com seus tantos monumentos de fama internacional: diante de tais monumentos o poeta acabou desenvolvendo uma admiração por aquela antiga civilização e reconhecendo-se, como ser humano, herdeiro das realizações daqueles antepassados. Como afirmou o arqueólogo alemão Joachim Herrman, em uma conferência intitulada "Monumentos arqueológicos e seu papel no quadro histórico e na cultura nacional": "não há sociedade ou homem sem consciência histórica. A Humanidade não pode compreender-se, nem delinear seu futuro, sem apreciar e acolher seu passado."

Embora os documentos escritos se prestem a essa reconstrução histórica, sua pouca acessibilidade confere-lhes uma significação consideravelmente menor do que a cultura material, cuja presença física atinge diretamente os membros da sociedade. Na concepção de outro arqueólogo da antiga República Democrática Alemã, o historiador da Pré-História Karl-Heinz Otto, a arqueologia – ao resgatar os vestígios materiais das pessoas comuns, não apenas das elites, que monopolizaram os documentos escritos por milênios – permite ao cidadão "avaliar o papel dos homens comuns, o papel das massas populares, como agentes e forjadores da história".

O reconhecimento da significação político-ideológica da arqueologia não se restringe a apenas alguns grupos ou tendências. Em fins da década de 1970, um arqueólogo britânico de longa tradição acadêmica (já era professor de arqueologia pré-histórica em Cambridge antes da Segunda Guerra Mundial), Grahame Clark, considerava que a arqueologia "apresenta questões mais radicais do que aquelas comumente postas pela ciência política ou pela sociologia, pois elas são colocadas numa perspectiva mais ampla", ao tratar das pessoas comuns, dos indígenas, sob uma perspectiva menos enviesada do que a prevalecente nas fontes escritas. Essa abordagem mais ampla da arqueologia engloba toda a história da humanidade (desde o surgimento dos primeiros primatas, há milhões de anos) assim como permite um acesso ao conhecimento da vida e da história da imensa maioria de analfabetos de todos os tempos.

Qual a relação entre a arqueologia, em geral percebida como uma ciência neutra, e a política, ou seja, a esfera das relações de poder? A arqueologia é sempre política, responde a necessidades político-ideológicas dos grupos em conflito nas sociedades contemporâneas. Como afirmou o arqueólogo britânico Clive Gable:

> A arqueologia surgiu, de forma gradual, nos últimos duzentos anos como o estudo sistemático do passado. O *timing* foi muito importante. Indica as forças que criaram a disciplina e que continuam a mantê-la em atividade. A força motora foi a nova ordem política, social e econômica da Revolução Industrial, primeiro na Europa e depois na América do Norte. Uma reação à arqueologia imperialista foi a fundação do Congresso Mundial de arqueologia, em 1986, e a inovadora série de livros *One World Archaeology*. O Congresso Mundial de Arqueologia pode

ser considerado uma "Nações Unidas" da arqueologia e pontos de vista alternativos são bem-vindos. Serve com um fórum para interpretações múltiplas, às vezes contraditórias, do passado.

Gamble segue o arqueólogo canadense Trigger ao falar em arqueologia como uma filha do nacionalismo, do colonialismo e do imperialismo. Por que isso? Bem, a subordinação da arqueologia à sociedade ou, mais precisamente, aos grupos dominantes, torna-se clara na sua dependência, frente a esses, para a obtenção de verbas e do apoio institucional necessários ao desenvolvimento da pesquisa arqueológica.

A ligação entre arqueologia e política apresenta-se, contudo, sempre mediatizada. Não se trata apenas de justificar certas relações de poder, ou de fortalecer certas ideologias, mas de legitimá-las pela presença de testemunhos materiais que deem sustentação científica a essas pretensões. Assim, apresento a seguir alguns mecanismos mais recorrentes de imbricamento da arqueologia e da política, entendida esta última não só no sentido restrito de relações de poder, mas abrangendo também as esferas social, econômica e ideológica do poder.

O PODER DA ARQUEOLOGIA

A criação e a valorização de uma identidade nacional ou cultural relacionam-se, muitas vezes, com a arqueologia. Neste caso, predominam com frequência os interesses dos grupos dominantes mediados pela ação do Estado. Assim, por exemplo, a importância ideológica da arqueologia em Israel, bem como a grande participação de voluntários nas escavações e na preservação e exibição do material arqueológico, explica-se pela busca de identidade entre o atual Estado judeu e a antiga ocupação hebraica da Palestina.

A primazia cronológica da entrada dos judeus na região em relação aos filisteus serve como potente justificativa de sua reocupação pelos primeiros. Já o juramento que o militar israelense presta diante das ruínas arqueológicas de Massada, fortaleza dos judeus revoltados contra os antigos romanos, demonstra exemplarmente a significação profunda do monumento: a recordação que evidencia, a partir do passado, uma ação ou atitude no presente. Daí se explica o jogo de palavras italiano "*il monumento é un ammonimento*", ou seja, "o monumento é uma advertência".

Outro exemplo é a tendência a considerar que os antigos habitantes de vastas regiões da Rússia eram autóctones, posição comumente adotada por arqueólogos russos, pouco propensos a aceitar que diversos outros povos ocuparam, no passado, o que viria a ser a Rússia. Isso ocorre, como afirma o arqueólogo francês Paul Briant, porque o nacionalismo russo não estava interessado em que se considerassem os povos atuais da Rússia como relacionados a povos de outras regiões. Do seu ponto de vista, seria melhor afirmar que o território da Rússia nunca foi ocupado por povos de outros lugares. As históricas interações com o mundo greco-romano e islâmico foram assim deixadas de lado, dando-se pouca atenção a vestígios que indicassem tais contatos entre civilizações.

Ainda nessa linha, um caso famoso de valorização do patrimônio nacional com possíveis implicações políticas ocorreu, há algum tempo, no Brasil quando a arqueóloga do Museu Nacional do Rio de Janeiro, Conceição Beltrão, sustentou ter encontrado vestígios do aparecimento do *Homo erectus* no sítio da Toca da Esperança, em Central, Bahia, datados de trezentos mil anos atrás. A arqueóloga norte-americana Betty J. Meggers, do Instituto Smithsonian de Washington, considerou tal possibilidade um exagero total, "para não falar em completa perda da noção do tempo". Segundo ela, o local mais antigo nas Américas onde a presença do homem é confirmada encontra-se em Meadowcroft, na Pennsylvania (EUA), datado de treze mil anos. Toda essa preocupação com o mais antigo e o mais monumental que marca as pesquisas arqueológicas, nas palavras da arqueóloga brasileira Solange Caldarelli, "remete, no fundo, a uma questão de prestígio: saber qual dos dois países, Brasil ou Estados Unidos, possui os vestígios mais antigos do homem nas Américas".

A exploração e a valorização dos territórios nacionais implicam, também, um relacionamento particular entre a arqueologia, a sociedade e os grupos no poder. Trata-se, em geral, da incorporação de monumentos e objetos numa prática de valorização e transformação econômica da paisagem. Assim, por exemplo, o arqueólogo moscovita I. A. Krasnov explicava, em seu artigo de 1981 sobre "As experiências na organização das pesquisas arqueológicas nos grandes planos de construção civil na URSS", que

> a pesquisa dos monumentos arqueológicos nas zonas de construção civil, o serviço arqueológico nos grandes planos de construção, são considerados pelos arqueólogos da União Soviética como uma importante tarefa científica e, ao mesmo tempo, como parte da construção do comunismo.

A valorização econômica de regiões com monumentos arqueológicos, o desenvolvimento do turismo popular e a participação da população local nas escavações e restaurações eram práticas comuns em diversos países socialistas. V. V. Sedov, arqueólogo atuante junto a antigas cidades russas (Pskov, Izborsk, Ladoga, Berestie), constatava que

> o impetuoso desenvolvimento do turismo em nosso país trouxe significativamente para mais perto da arqueologia muitos amigos da história, simpatizantes das antiguidades locais e turistas. Centenas de milhares de entusiastas, desejosos de conhecer as novas descobertas e achados, visitam hoje, anualmente, os sítios de escavação.

As associações culturais ligadas ao patrimônio arqueológico proliferaram em diversos países socialistas. Segundo o arqueólogo alemão-oriental Ulrich Schoknecht,

> as ligas culturais da RDA [República Democrática Alemã] atuam não apenas na conservação e preservação de nossos monumentos como objeto de pesquisa científica, mas, também, valorizam-nos como importantes elementos do patrimônio cultural da nação.

A integração do patrimônio arqueológico com a população local dava-se, nesses casos, num quadro político-ideológico bem determinado, sendo direcionada diretamente pelos organismos do Estado, sob a égide do Partido Comunista. O fim dos regimes socialistas da Europa Oriental demonstrou que o uso da arqueologia pelos comunistas, apesar da propaganda, foi muito superficial, pois tão logo aderiu ao capitalismo, a arqueologia desses países deu as costas às pesquisas do período comunista.

Nos Estados Unidos, os vestígios arqueológicos são pesquisados com outra perspectiva, voltada também para uma ocupação econômica da paisagem mas, neste caso, por parte do Estado e da iniciativa privada. Um dos objetivos da *New Archaeology* americana era, explicitamente, estudar modos de domínio da natureza por parte dos antigos habitantes indígenas, para permitir a utilização desse conhecimento no planejamento da futura exploração econômica das regiões estudadas pelos arqueólogos, na forma da implantação de indústria ou agricultura mecanizada capitalista.

De maneira geral, a arqueologia tem privilegiado os artefatos do segmentos dominantes das sociedades estudadas como objetos admiráveis, justamente, pelo seu caráter elitista. Sobre essa valorização da cultura das antigas classes dominantes e seus liames com a sustentação ideológica do predomínio, na atualidade, da cultura erudita, tratei, em detalhe, no início do livro. Pode-se, contudo, estudar a cultura material tanto de exploradores como de explorados, os objetos únicos e aqueles feitos em série.

Também podemos observar a relação entre o poder e a atividade dos arqueólogos por outro ângulo: o papel da arqueologia como parte da engrenagem da "exploração imperialista". O diferencial de poder entre metrópoles e colônias (ou entre centro e periferia) sempre acarretou mecanismos de apropriação de bens destas para aquelas. Nesse processo, a arqueologia teve um papel relevante na transferência de monumentos e objetos arqueológicos dos países de origem para as metrópoles, formando-se, desta maneira, os acervos dos principais museus europeus.

Essa apropriação ocorria, durante o período colonial, pela imposição da força de ocupação militar metropolitana da qual, como se sabe, não raras vezes, faziam parte os arqueólogos. A partir da descolonização, a apropriação dos vestígios arqueológicos passou a ocorrer por mecanismos econômicos. Assim, com a expansão dos mercados de peças arqueológicas, a saída – em geral ilegal – de objetos da "periferia", países subdesenvolvidos, para o "centro", países desenvolvidos, efetua-se, primordialmente, pela venda das peças no mercado internacional. Isso significa que, à expropriação forçada do período colonial, seguiu-se uma nova fase na qual a transferência do patrimônio arqueológico adquiriu, via mercado, uma capa de legalidade.

A arqueologia pode, contudo, ser usada por grupos subalternos na luta por seus direitos ou para criticar as injustiças e opressões sociais. Dois exemplos vêm logo à mente: a arqueologia preocupada com as relações de gênero e a que trata das relações étnicas e raciais com propostas claramente antirracistas. A arqueologia tem sido usada, tanto por feministas como por outros militantes da luta por relações de gêneros sem opressão, para emancipar ou, como se diz em inglês, para "dar poder" (*empower*) ao feminino.

Assim, por exemplo, estudos têm permitido mostrar como a cultura material ligada às mulheres, no mundo industrializado, foi usada para a liberação feminina. A pletora de máquinas domésticas, da lava-roupa à batedeira, nessa concepção, foi imprescindível para que as mulheres pudessem entrar no mercado de trabalho e adquirir, em poucas décadas, destaque e, mais importante, independência econômica. A relação entre homens e mulheres, menos iníqua, foi, portanto, resultado, em parte ao menos, da cultura material voltada à satisfação das mulheres.

Mesmo para o passado recuado, na Pré-História, há interessantes leituras femininas e feministas. No Brasil, o melhor exemplo talvez seja a interpretação das sociedades da Amazônia que são conhecidas por sua belíssima cerâmica marajoara. Esses grandes potes cerâmicos trazem representações estilizadas de mulheres, com grande destaque para o útero, um órgão sexual interno, mas que se apresenta muito ressaltado nos desenhos. Segundo a arqueóloga norte-americana Anna Roosevelt, esses vestígios arqueológicos testemunham a importância das mulheres na cultura marajoara e explicam por que os europeus, ao encontrarem tais povos, concluíram que ali viviam "as amazonas", as guerreiras das lendas gregas (daí derivando o nome

"Rio das Amazonas"). Bem ao contrário daquela visão tradicional do homem pré-histórico que já dominava as mulheres. Também nesse caso, essa leitura arqueológica do passado pode servir para a libertação e a valorização das mulheres em nossa própria época.

Para o passado ainda mais antigo, um bom exemplo é a proposta de interpretação original de James O'Connell, arqueólogo da Universidade de Utah, nos Estados Unidos, sobre as fêmeas do primata *Homo erectus*. Segundo O'Connell, quem fornecia os alimentos básicos ao grupo eram elas, que se dedicavam à coleta de raízes e tubérculos. Esse pesquisador baseia-se na evidência arqueológica, ao ter reestudado os ossos de animais contemporâneos do *Homo erectus*. Não hesita em afirmar que:

> Sempre se deu pouca atenção ao papel da mulher na história, importante já há dois milhões de anos, pois sua função de coletora, por exemplo, foi crucial na evolução da espécie. Provavelmente, elas participavam, ainda, da provisão de carne. De qualquer modo, a teoria da família nuclear que pensa o homem como provedor de alimento e a mulher como responsável pela prole torna-se, cada vez mais, discutível. Restos arqueológicos de dois milhões de anos estão sendo usados para questionar relações sociais de gênero em nossa sociedade.

Outro bom exemplo de uso político do estudo da cultura material relaciona-se à luta contra o racismo e a opressão étnica. Assim, por exemplo, a defesa dos direitos de indígenas e afrodescendentes, nos Estados Unidos e alhures, tem contado com a concorrência da arqueologia preocupada com a valorização desses grupos étnicos. A arqueologia, também, tem mostrado como todas as sociedades do passado foram, em maior ou menor medida, resultado de fusão cultural, com mistura biológica e de costumes, desmistificando a própria noção de "pureza étnica". Enfim, todos somos beneficiários dessa arqueologia humanista, que visa combater as opressões.

O PODER NA ARQUEOLOGIA

A ligação entre fatores político-ideológicos e arqueologia, no entanto, dá-se sempre por uma mediação essencial: a arqueologia é uma disciplina científica e os seus praticantes fazem parte de uma comunidade acadêmica institucionalizada. Como afirmou o sociólogo francês Pierre Bourdieu,

> está sempre em jogo o poder de impor uma definição de ciência (isto é, a delimitação do campo dos problemas, dos métodos e das teorias que podem ser considerados científicos). Os cientistas dominantes são aqueles que conseguem impor uma definição de ciência segundo a qual a realização mais perfeita consiste em ter, ser e fazer aquilo que eles têm, são e fazem.

Na medida em que a arqueologia é uma disciplina científica, possui lugares institucionais de pesquisa que controlam ao menos seis questões básicas: o que deve ou não ser pesquisado, o acesso aos sítios arqueológicos, ao material armazenado, às verbas de pesquisa, aos cargos acadêmicos e aos meios de informação científica encarregados de divulgar os resultados do estudo arqueológico.

Numerosos fatores agem no sentido da manutenção de tradições de pesquisa já estabelecidas, por meio do ensino universitário, do controle das verbas, das relações pessoais e políticas etc. Uma rígida hierarquia, no interior das instituições acadêmicas, estabelece a legitimidade científica dos projetos de pesquisa. Daí que os critérios político-ideológicos por detrás de cada pesquisa, de cada ascensão ou estagnação acadêmica, sejam sempre apresentados, pelos detentores do "poder arqueológico", como se fossem critérios totalmente objetivos, científicos, comprováveis, portanto exteriores ao domínio do conflito social, incontestáveis.

As discordâncias de fundo sociopolítico apresentam-se, muitas vezes, como uma disputa entre a ciência, apanágio dos que detêm o poder institucional, e a suposta incompetência de quem defende certas opções práticas e metodológicas que lhes são contrárias. No entanto, em sociedades compostas por grupos em conflito, como todas as sociedades em que existe a arqueologia, há sempre interesses e pontos de vista divergentes. Os embates acadêmicos – retirada a ilusória capa de "objetividade do arqueólogo" – remetem ao inevitável posicionamento e comprometimento do arqueólogo perante a sociedade e à tomada de consciência da sua decorrente responsabilidade. Essa consciência em nada diminui a atração da profissão, ao contrário, pois a arqueologia, como prática bem inserida na sociedade, oferece muitos atrativos e recompensas, a começar pela possibilidade de contribuir para um mundo materialmente mais agradável. No Brasil, as possibilidades e atrativos são ainda maiores, tendo em vista a escassez de arqueólogos e a imensidão do país e de suas riquezas culturais, ainda mal-exploradas.

Além disso, há formas de lutar contra essa "camisa de força", a começar pelo mais óbvio: pela pesquisa e pelo trabalho feitos com paixão e seriedade. Nada mais eficaz, para vencer desafios, do que agirmos com responsabilidade e vontade de descobrir e de questionar tanto os dados como as interpretações a seu respeito.

Em seguida, como vimos antes, a disciplina, surgida originalmente em um contexto imperialista como uma "arma da opressão", para usar uma expressão forte do arqueólogo peruano Luis Lumbreras, hoje mudou muito e tem servido para o pensamento crítico, para a diminuição das desigualdades e para o respeito à diversidade étnica e cultural. Se concordarmos com Lumbreras, podemos dizer que, hoje, a arqueologia pode ser uma arma de libertação.

CAPÍTULO 7
SER ARQUEÓLOGO NO BRASIL

Tornar-se arqueólogo, como, de resto, tornar-se um verdadeiro intelectual, em geral, depende da consciência de que nada substitui o conhecimento e que este não se confunde com poder burocrático. Os cursos de formação de arqueólogos, cada vez mais, têm tido que se adequar aos critérios de mérito, universais, como é o caso da publicação das pesquisas e seu debate nas revistas estrangeiras. Exemplos na arqueologia brasileira não faltam.

Tornar-se arqueólogo também implica reconhecer que esta ciência tem sido muitas vezes reacionária, cultuando explicitamente as elites ou explorando populações em benefício nada científico e puramente monetário, como é o caso de certas atividades de campo financiadas por grandes empresas.

Não há pesquisa, nem mesmo pré-histórica, que esteja fora dos interesses da sociedade e a arqueologia pode ser profundamente humanista, particularmente relevante para uma sociedade multicultural, sempre que atue com a comunidade. Nesse caso, o engajamento do intelectual não lhe subtrai qualquer conhecimento, ao contrário, pois "conhecer" é "saber com" os outros. Tornar-se arqueólogo inclui, assim, saber que não há trabalho arqueológico que não implique em patrimônio e em socialização do patrimônio e do conhecimento.

Um arqueólogo precisa estar convicto de que qualquer escavação deve resultar em uma publicação, acessível à comunidade científica. Portanto, artefatos descobertos não podem ficar abarrotando os depósitos, inéditos; análises e interpretações têm de vir a público e ser debatidas. Para tanto, em diversos países, há regulamentos públicos que só permitem que os arqueólogos desenvolvam projetos se publicarem tanto o relato da escavação quanto o material arqueológico recolhido. E, finalmente, ser arqueólogo implica considerar que os objetos devem ser incluídos no cotidiano das pessoas, de forma a torná-los significativos para a sociedade em geral.

Nesse sentido, a formação do arqueólogo, em nosso meio, ainda é muito deficitária, pois pouca atenção se tem dado, em termos estruturais, a esses aspectos, considerados, às vezes, estranhos à própria disciplina, enquanto, mundo afora, a arqueologia pública se encontra em expansão e a arqueologia e a educação não são mais dissociáveis. Há diversos caminhos possíveis para se tornar e se trabalhar hoje com arqueologia no Brasil.

Para o jovem iniciante, as perspectivas são muito variadas, de acordo com as escolhas que venha a efetuar. Pode começar-se já na época do ensino médio, atuando como voluntário em museus e em trabalhos de campo dirigidos por pesquisadores mais graduados. A profissão de arqueólogo não está regulamentada e não há uma carreira de graduação em arqueologia reconhecida pelo Ministério da Educação e, por isso, o mais comum é que o interessado em arqueologia curse a graduação em áreas afins, em particular a história, mas também pode ser ciências sociais, geografia, biologia, letras, entre outras possibilidades.

Durante a graduação, convém já participar de pesquisas arqueológicas, formular um projeto de pesquisa de iniciação científica e, se possível, produzir uma monografia de conclusão de curso que trate da cultura material. Com essa preparação, será possível formular um projeto de pesquisa de mestrado, a ser submetido a um programa de pós-graduação em arqueologia ou de uma área afim. O mestrado, que dura de 24 a 48 meses, poderá ser complementado pelo doutoramento, de quatro anos.

Entre as perspectivas profissionais, há firmas de "arqueologia de contrato" em que se pode exercer a profissão, com remuneração bastante razoável. Já tornar-se arqueólogo acadêmico não promete uma remuneração fabulosa, mas oferece oportunidades excepcionais para refletir sobre a sociedade, agir com a comunidade em prol tanto da preservação do passado como da transformação do presente. A academia também é um espaço privilegiado para o

PARA SE TORNAR UM ARQUEÓLOGO NO BRASIL

Formação	Área	Vantagem	Desvantagem
Pré-universitária	Voluntariado em projeto de pesquisa	Gosto pelo estudo da cultura material iniciado cedo.	Formação ineficiente.
	Voluntariado em museus e outras instituições		
Universitária	Graduação em arqueologia	Especialização precoce.	Curso não reconhecido pelo MEC e pouco contato com áreas afins.
	Graduação em outros cursos universitários (história, antropologia, biologia, sociologia, geografia, letras etc.)	Contato com outras áreas relevantes da ciência.	Especialização mais tardia.
Pós-graduação	Arqueologia	Especialização profissional consistente.	Menor ênfase nas ciências afins.
	Programa de área relacionada	Contato com áreas relevantes da ciência.	Especialização mais tardia.

Arqueologia 111

PERSPECTIVAS PROFISSIONAIS PARA O ARQUEÓLOGO

Campo de atuação	Vantagem	Desvantagem
Academia	Produção de conhecimento, possibilidade de desenvolvimento de projetos de âmbito internacional.	Salários menores.
Museus, instituições, patrimônio etc.	Importância e valorização sociais da atividade.	Pouco incentivo à produção de conhecimento. Salários menores.
Consultoria (arqueologia de contrato)	Renda elevada.	Pouco incentivo à produção de conhecimento e restrições à crítica social.

aprofundamento de pesquisas e o diálogo com colegas de várias áreas e com a comunidade científica internacional (pois a arqueologia acadêmica incentiva os futuros arqueólogos a integrarem-se à ciência mundial, tornando seus contatos com o exterior uma experiência dinâmica).

O arqueólogo acadêmico tem chance também de intervir na educação, procurando fazer com que milhões de brasileiros tenham um contato mais profundo e menos parcial com sua própria história. Assim, apesar dos percalços e das dificuldades, pode concluir-se que, em aceitando os seus desafios, tornar-se arqueólogo acadêmico, no Brasil, abre horizontes e oferece oportunidades únicas.

QUESTÕES PROFISSIONAIS: ÁREAS DE ATUAÇÃO, POSSIBILIDADES E CAMPOS DE TRABALHO

A arqueologia possui uma infinidade de áreas de atuação e de especializações. Nos Estados Unidos e no Brasil, a disciplina costuma ser dividida em dois grandes setores: arqueologia pré-histórica e histórica, voltadas para o período anterior e posterior a 1492, respectivamente. A arqueologia histórica, nesse contexto, mantém relações com a arqueologia pré-histórica, seja porque muitos arqueólogos atuam nas duas áreas, seja porque passaram por uma formação comum a ambas. Como vimos em outra parte, uma estudaria nossa civilização euro-americana e a outra, os indígenas. Na tradição europeia, existem as arqueologias das civilizações clássica (Grécia e Roma), egípcia, bíblica e mesopotâmica.

Além dessas grandes áreas, há uma tendência à especialização por categorias de objetos estudados, em especial: estudiosos de líticos, cerâmica, metais, ossos, pedras e assim por diante. Há campos temáticos, como estudos da iconografia ou da epigrafia. A ciência contemporânea leva cada vez mais ao aprofundamento das especialidades, a tal ponto que se pode passar a vida inteira a catalogar fragmentos de ânforas de um tipo determinado.

Essa superespecialização, em grande medida, inevitável, é o resultado do avanço da ciência, sempre a exigir um conhecimento mais profundo e detalhado de um aspecto diminuto da realidade. Isso não deixa de ser um problema, pela possível perda da visão de conjunto, pois os tais cacos de ânforas só têm sentido em um contexto econômico, político e social mais amplo e sua relevância para nós hoje também deve ser compreendida. Os cacos de ânforas romanas levam-nos ao consumo de azeite pelos soldado, isso nos conduz ao imperialismo romano e, em última instância, à questão do imperialismo (ou "globalização") de nossos dias atuais. Ou seja, a especialização pode servir para compreender e mudar o mundo hoje, mas isso só ocorre se houver um esforço nesse sentido.

Se as especializações são muitas, ainda maiores são os campos de trabalho para o arqueólogo. A atuação acadêmica constitui um campo privilegiado, pois na pesquisa o arqueólogo pode dedicar-se, de forma integral, à investigação científica. Na graduação e pós-graduação, pode atuar o arqueólogo, em particular, nos cursos de história, ciências sociais, geografia, biologia, arquitetura, para citar apenas os mais usuais. No Brasil, desde há alguns anos, tem-se buscado a especialização do corpo docente dos cursos universitários, de modo que as disciplinas sejam ministradas por especialistas dos temas abordados em sala de aula.

Essa tendência, contudo, ainda é muito parcial, pois, por falta de docentes especializados, muitas disciplinas estão à cargo de professores que não se dedicam aos temas que deveriam ser abordados em aula. Isso está mudando, e de forma cada vez mais rápida, devido à formação de especialistas oriundos das pós-graduações, com mestrados e doutorados. Nos cursos mencionados, há disciplinas cuja temática muito se enquadra nas áreas de atuação arqueológica, como história antiga, pré-história, história indígena, arte rupestre, história da arquitetura, entre muitas outras.

Como hoje, ainda, na maioria das vezes essas disciplinas são ministradas por não especialistas, há um imenso campo a ser explorado e que, com o avanço da ciência no país, será grande a possibilidade de inserção do arqueólogo na carreira docente universitária. Ainda na área universitária, a pós-graduação também oferece oportunidades crescentes de trabalho. Já existem cursos de pós-graduação em arqueologia, assim como há cursos de áreas afins com docentes arqueólogos. Nesses programas de pós-graduação, arqueólogos podem atuar ministrando disciplinas, mas também orientando e formando novas gerações de estudiosos, dedicados a pesquisar os mais variados temas.

Outro grande campo de trabalho consiste na atuação em museus, alguns deles associados a universidades e cursos de graduação e pós-graduação. Os museus patrocinam pesquisas de campo, como escavações e prospecções de superfície, bem como trabalho de laboratório e curadoria das peças armazenadas. Projetos de pesquisa de longo prazo e com objetivos interpretativos de fôlego costumam estar sediados em museus universitários, com o apoio de órgãos financiadores nacionais (como o CNPq e a Finep), estaduais (como as Fundações de Amparo à Pesquisa dos Estados, como Fapesp, Faperj, Fapemig, Fundação Araucária do PR) ou mesmo internacionais (como a *National Science Foundation* dos Estados Unidos).

O trabalho em laboratório não é menos importante, se considerarmos as toneladas de material arqueológico à espera de catalogação, tombamento e publicação. Tudo isso pode gerar artigos e livros científicos, como também material didático e para uso do público em geral. O número de museus no Brasil é muito grande e há, ainda, pouco desenvolvimento da atuação arqueológica em museus, pelo que há um campo imenso a ser explorado.

Ao lado dessas áreas acadêmicas ou científicas, há, ainda, atividades ligadas mais diretamente ao mercado e com forte importância social. Em primeiro lugar, a já mencionada arqueologia de contrato. O que seria isso? Desde alguns anos atrás, no Brasil, a legislação federal e, depois, a estadual e a municipal têm obrigado a contratação de estudiosos, dentre os quais arqueólogos, para investigar as áreas que sofrerão impactos ambientais no caso de construções de barragens, estradas, linhas de transmissão ou mesmo, no caso das cidades, quando da construção de edifícios.

Em todas essas situações, a legislação prevê a contratação (daí o termo "arqueologia de contrato") de estudos de impacto ambiental, em particular, arqueológico. Como resultado dessa demanda por levantamentos arqueológicos e de escavações emergenciais ou de resgate, desenvolveu-se, nos últimos anos, a arqueologia de contrato e surgiram empresas privadas que contratam arqueólogos para os mais diversos tipos de trabalho. A arqueologia de contrato constitui uma importante maneira de proteger o patrimônio arqueológico, cuja destruição seria inexorável, devido ao desenvolvimento econômico. Naturalmente, há sempre o perigo de a empresa que contratou o arqueólogo obrigá-lo a desvirtuar seus achados em benefício dos interesses empresariais, mas há, ou deveria haver, mecanismos de controle de tais abusos, em particular a obrigatoriedade de publicação dos achados. Isso permite o controle social das pesquisas.

No Brasil, a cuidar da preservação do patrimônio estão os órgãos federais, como o Instituto do Patrimônio Histórico Nacional (IPHAN), estaduais (Conselhos ou Institutos Estaduais de Defesa do Patrimônio, como o Conselho Estadual de Defesa do Patrimônio Histórico, Artístico e Arqueológico do Estado de São Paulo – Condephaat, ou o Instituto Estadual de Patrimônio Histórico e Artístico de Minas Gerais – IEPHA) e municipais (como o Conselho de Patrimônio Cultural de Campinas – Condepacc). Esses órgãos, voltados para a custódia do patrimônio histórico, arquitetônico, artístico e arqueológico, possuem ainda poucos arqueólogos em seus quadros, o que significa que há uma ampla gama de possibilidades de emprego, tendo em vista a necessária diversificação dos campos de atuação desses institutos.

Outro grande campo relacionado ao patrimônio consiste na gestão turística do patrimônio arqueológico brasileiro. O Brasil conta com um imenso manancial de sítios arqueológicos de potencial turístico, a começar pelos sítios históricos como as cidades coloniais em Minas Gerais, Rio de Janeiro, São Paulo ou Goiás, onde a atuação do arqueólogo, ainda muito marginal, seria capital para o melhor aproveitamento turístico desses bens. Não se trata apenas de ação econômica, na acepção estreita e tradicional do termo, pois o que falta é, justamente, uma política cultural que envolva a população, que faça com que os bens arqueológicos adquiram sentido para as comunidades locais e isso só poderá ocorrer com a ativa participação de arqueólogos.

Os sítios pré-históricos do território nacional constituem outro imenso manancial, pouquíssimo explorado como fator turístico-cultural. Em parte, isso deriva do pouco valor atribuído aos indígenas em nossa sociedade e, pelo mesmo motivo, os sítios arqueológicos ligados aos escravos (como os quilombos e as senzalas) tampouco são devidamente valorizados. Muitas vezes, a população, como já vimos, sente-se alienada dos bens arqueológicos, considerados distantes, pertencentes a uma elite.

A arqueologia pode contribuir, de forma decisiva, para que as pessoas identifiquem-se com os vestígios indígenas, africanos e, em geral, das pessoas comuns. Assim, para o desenvolvimento de um turismo de massa, ainda muito incipiente no Brasil, a arqueologia terá um papel central, decisivo mesmo, ao integrar grandes contingentes sociais à cidadania, por meio da arqueologia. Como se percebe, há um campo imenso de trabalho a ser explorado.

SUGESTÕES DE LEITURA, FILMES, SITES E CDS

O leitor interessado poderá aprofundar-se consultando diversas obras especializadas disponíveis em português, assim como se indicam alguns livros em espanhol ou inglês, línguas científicas de ampla difusão no Brasil.

Um livro clássico é *Introdução à arqueologia*, de Vere Gordon Childe (Lisboa: Europa-América, 1961), no qual o autor apresenta uma visão ampla, da perspectiva histórico-cultural, da disciplina e que fundamentou toda a ciência nas últimas décadas. Outro clássico é *Arqueologia e sociedade* (Coimbra: Almadina, 1956), de Grahame Clark. Philip Rahtz escreveu o moderno e engraçado *Convite à arqueologia*, cuja leitura, além de ser instrutiva, levará o leitor a boas gargalhadas, o que é muito salutar, pondo em dúvida suas (falsas) certezas.

Sobre a arqueologia histórica, o manual de Charles E. Orser, Jr., *Introdução à arqueologia histórica* (Belo Horizonte: Oficina de Livros, 1992; em castelhano, *Introducción a la arqueología histórica*, Buenos Aires: Asociación del Instituto Nacional de Antropología, 2000), apresenta um panorama geral da arqueologia voltado para os últimos cinco séculos. Sobre o mesmo tema, uma coletânea de estudos, sob o título de *Cultura material e arqueologia histórica* foi organizada por P. P. A. Funari e publicada com capítulos sobre variados temas (Campinas: IFCH-Unicamp, 1999).

Em inglês, P. P. A. Funari, M. Hall e S. Jones organizaram *Historical Archaeology, back from the Edge* (Londres: Routledge, 1999), com dezenove capítulos em torno dos temas "arqueologia e história", "arqueologias da dominação e da resistência" e "questões de identidade, nacionalismo e etnicidade". Os capítulos foram escritos por estudiosos dos cinco continentes e os temas abordados apontam para uma arqueologia voltada para questões atuais, sociais e políticas.

A arqueologia na América Latina, incluindo-se o Brasil, encontra-se no volume organizado por Gustavo Politis, *Arqueología en América Latina hoy* (Bogotá: Banco Popular, 1992), assim como em *Archaeology in Latin America* (Londres: Routledge, 1999), organizado por G. Politis e B. Alberti. Sobre a arqueologia no Brasil, há o denso livro de André Prous, *Arqueologia brasileira* (Brasília: UnB, 1992), em cujas páginas o leitor encontrará um detalhado painel dos principais temas arqueológicos, da pintura rupestre à cerâmica, dos líticos ao povoamento do continente. Gabriela Martín publicou um quadro igualmente amplo da arqueologia pré-histórica do Nordeste, *Pré-História do Nordeste* (Recife: UFPE, 1996).

Sobre a Pré-História do Brasil, além dos títulos citados, devem ser consultadas algumas coletâneas recentes, como *Pré-História da Terra Brasilis* (Rio de Janeiro: UFRJ, 2000), organizado por Maria Cristina Tenório e dois números da *Revista USP* organizados por Walter Alves Neves, um deles dedicado ao "Surgimento do Homem na América" (*Revista USP*, 1997, n. 34) e o outro à "Arqueologia Brasileira" (*Revista USP*, 2000, n. 44). Esse último apresenta um panorama, região por região, do estudo da Pré-História brasileira, além de alguns capítulos sobre arqueologia de contrato (Solange Caldarelli) ou sobre como se tornar arqueólogo no Brasil (P. P. A. Funari).

Pedro Paulo A. Funari e Francisco Silva Noelli publicaram *Pré-História do Brasil* (São Paulo: Contexto, 2002), obra de síntese na qual os autores apresentam tanto o atual estágio das discussões como uma interpretação articulada da ocupação do território brasileiro antes da chegada dos europeus. Denise Cavalcante Gomes é autora de *Reescavando o passado: um estudo do vasilhame cerâmico da coleção tapajônica do MAE/USP* (São Paulo: Edusp/Imprensa Oficial SP/Fapesp, 2002), livro que mostra como a coleção de peças de museu pode permitir uma análise da sociedade amazônica.

Solange Nunes Oliveira Schiavetto, em seu *A arqueologia guarani: construção e desconstrução da identidade indígena* (São Paulo: Annablume/Fapesp, 2003), mostra como a arqueologia tem muito a dizer sobre questões como etnicidade indígena, tema muito relevante nos dias de hoje. José Alberione dos Reis trata dos sítios arqueológicos subterrâneos, em *Arqueologia dos Buracos de Bugre: uma Pré-História do Planalto Meridional* (Porto Alegre: Educs, 2002).

Gilson Rambelli publicou *Arqueologia até debaixo d'água* (São Paulo: Maranta, 2002), um guia útil à arqueologia subaquática. A arqueologia histórica é uma área que tem gerado cada vez mais interesse, como atestam livros como *Arqueologia da sociedade moderna na América do Sul: cultura material, discursos e práticas*, organizado por Andrés Zarankin e María Ximena Senatore (Buenos Aires: Tridente, 2002), com artigos sobre questões teóricas e com estudos de caso, assim como o livro de Andrés Zarankin, sobre tema de grande interesse, a arqueologia dos edifícios escolares, em seu *Paredes que domesticam* (Buenos Aires: Tridente/Fapesp/Unicamp, 2002). No campo da arqueologia do Mediterrâneo, há livros sobre temas originais, como "o campo na Grécia", tema da obra de André Leonardo Chevitareze: *O espaço rural da pólis grega: o caso ateniense no período clássico* (Rio de Janeiro: Fábrica dos Livros, 2001).

Sobre teoria arqueológica, em português, o mais amplo painel encontra-se nos *Anais da I Reunião de Teoria Arqueológica na América do Sul* (São Paulo: MAE-USP, 2000), organizado por P. P. A. Funari, E. G. Neves e I. Podgorny, volume que congrega trinta capítulos em torno de teoria e método, teoria e método no contexto histórico, teoria e história da arqueologia latino-americana, arqueologia e etnicidade, cultura material e patrimônio. Michael Shanks e Christopher Tilley publicaram um livro revolucionário e que permanece essencial, *Re-Constructing Archaeology* (Cambridge: Cambridge University, 1987), enquanto Peter J. Ucko organizou a monumental *Theory in Archaeology: a World Perspective* (Londres: Routledge, 1995), com estudos sobre o tema escritos por autores de todos os continentes.

Luis Felipe Bate, expoente da arqueologia social latino-americana, publicou *El proceso de investigación en arqueología* (Barcelona:

Grijalbo, 1998), exercício de teorização com base nas noções de Gordon Childe. Andrés Zarankin e Félix A. Acuto organizaram um volume dedicado à teoria arqueológica no continente, *Sed non satiata: teoría social en la arqueología latinoamericana contemporánea* (Buenos Aires: Tridente, 1999), mostrando a vitalidade da reflexão teórica na América Latina. Existem algumas coleções universitárias que têm publicado estudos na área, como a coleção Arqueologia, da editora da Pontifícia Universidade Católica do Rio Grande do Sul, e os suplementos da *Revista do Museu de Arqueologia e Etnologia da Universidade de São Paulo*.

A arqueologia liga-se, inevitavelmente, ao patrimônio e o livro de Maria Margaret Lopes, *O Brasil descobre a pesquisa científica: os museus e as ciências naturais no século XIX*, apresenta um histórico dessa ligação nos primórdios da disciplina no país. O livro *Turismo e patrimônio cultural* (São Paulo: Contexto, 2001), organizado por Pedro Paulo A. Funari e Jaime Pinsky, trata de diversos aspectos da relação entre a cultura material e essa importante atividade, o turismo.

Há, também, livros para uso como apoio didático, escrito por arqueólogos brasileiros, como *Império e família em Roma* (São Paulo: Atual, 2000, coleção A vida no tempo), de P. P. A. Funari. Norberto Luiz Guarinello publicou *Os primeiros habitantes do Brasil* (São Paulo: Atual, 1992, coleção A vida no tempo), destinado a crianças a partir de onze anos de idade, e P. P. A. Funari, *Os antigos habitantes do Brasil* (São Paulo: Unesp, 2001), para crianças a partir de sete anos, instrumentos didáticos que facilitam o resgate da contribuição indígena para a sociedade brasileira.

Publicam-se, também, diversas revistas científicas de arqueologia, destacando-se as seguintes: *Arquivos do Museu de História Natural da UFMG*, *Clio* (UFPE), *Revista de História da Arte e Arqueologia* (Unicamp), *Revista do CEPA*, *Revista do Museu de Arqueologia e Etnologia da USP*. Entre as principais revistas internacionais, deve-se consultar: *American Antiquity*, *Current Anthropology*, *Historical Archaeology*, *International Journal of Historical Archaeology*, *Journal of Material Culture*, *Latin American Antiquity*, *Public Archaeology*, *World Archaeology*. A mais completa biblioteca arqueológica no Brasil está no Museu de Arqueologia e Etnologia da Universidade de São

Paulo, mas há acervos especializados nas UFPE, UFRJ, UFRGS, PUCRS, Unicamp, para citar apenas os maiores.

Dentre os muitos manuais em línguas estrangeiras, menciono apenas alguns títulos recentes, a começar por *Archaeology, the Basics*, de Clive Gamble (Londres: Routledge, 2002), um breve manual introdutório que aborda de tudo um pouco. Apresenta um apanhado bem atualizado dos aspectos genéricos da disciplina.

Em castelhano, Sonia Gutiérrez-Lloret é autora de *Arqueologia: introducción a la historia material de las sociedades del pasado* (Alicante: Universidad de Alicante, 1997), compêndio atualizado da disciplina, como é o caso, também, de *I metodi della ricerca archeológica* (Roma: Laterza, 1999), de Alessandro Guidi. Há coleções de arqueologia que são muito úteis para conhecer os mais variados povos e culturas, como é caso da coleção *Ancient Peoples and Places*, com mais de cem volumes, a maioria deles já traduzidos para o português na coleção *Historia Mundi*, publicada em Lisboa pela Verbo. Em língua inglesa, a coleção *One World Archaeology*, publicada pela editora Routledge, já publicou mais de cinquenta volumes, com autores de todos os continentes, preocupados com uma interpretação inovadora e crítica de temas tão variados como domesticação de animais, hierarquia social, arte, origens do comportamento humano, entre outros.

Dentre os muitos filmes que tratam da temática arqueológica, destaca-se *O Corpo* (*The Body*), de Jonas McCord, com Antonio Banderas e Olívia Williams. O filme trata, de forma muito original e atraente, tanto do trabalho do arqueólogo, como das questões éticas e políticas da arqueologia. Sinopse: Acidentalmente, as obras para a reforma de um pequeno comércio em Jerusalém revelam um sepulcro que, dentre outros artefatos, contém o esqueleto de alguém que, de acordo com as evidências arqueológicas, foi crucificado na época em que Pôncius Pilatus era governador romano. A arqueóloga designada para as escavações infere, mediante um estudo material mais aprofundado, que aquele pode ter sido o corpo de Cristo. Segundo o Novo Testamento, Jesus ressuscitou e subiu aos céus, incólume. As autoridades vaticanas decidem, então, enviar o padre Matt Guttierrez (interpretado por Banderas), ex-agente do Serviço Secreto, para questionar os trabalhos da arqueóloga. A localização geopolítica do achado arqueológico e seu possível significado envolve também interesses de árabes muçulmanos, cristãos e judeus. Vale a pena assistir.

A literatura de ficção também pode ser instrutiva a respeito do trabalho arqueológico. O arqueólogo italiano Andréa Carandini afirma que o arqueólogo atua como um detetive no estilo de Sherlock Holmes, personagem dos romances de Sir Arthur Conan Doyle. O arqueólogo italiano Valério Massimo Manfredi, por sua vez, é autor de alguns romances muito famosos – como *Alexandre* e *Akropolis* (publicados no Rio de Janeiro pela editora Rocco) – inspirados por sua experiência como arqueólogo profissional. Para Manfredi, "na arqueologia não existem mistérios, mas enigmas a serem esclarecidos. O sonho de todo arqueólogo é encontrar algo que esteja nas origens de nossas convicções, da nossa cultura, da nossa fé. Às vezes isso acontece, como no caso dos Manuscritos do Mar Morto, outras vezes não."

Há muitos sites voltados para a arqueologia, a começar por www.indianajones.com. No site www.unicamp.br/nee/arqueologia o leitor encontrará muitas informações e *links* para diversos portais interessantes. Outros sites que merecem uma visita:
- www.arqueologiasubaquatica.org.br,
- www.itaucultural.org.br/arqueologia,
- www.uct.ac.za/wac4.

Também há, ainda, muitos CDs de imagens sobre materiais arqueológicos, desde os produzidos pelos principais museus do mundo (Museu Britânico, Louvre, Metropolitan), até alguns específicos, como o que recria em três dimensões a cidade de Roma Antiga (produzido pela University of California at Los Angeles – UCLA, Cultural Virtual Reality Lab).

Mãos à obra e bom trabalho!

CADASTRE-SE
EM NOSSO SITE,
FIQUE POR DENTRO DAS NOVIDADES
E APROVEITE OS MELHORES DESCONTOS

LIVROS NAS ÁREAS DE:

História | Língua Portuguesa
Educação | Geografia | Comunicação
Relações Internacionais | Ciências Sociais
Formação de professor | Interesse geral

ou
editoracontexto.com.br/newscontexto

Siga a Contexto
nas Redes Sociais:
@editoracontexto